风云人物系列之Ⅲ

江湖风云
黄金荣

诗酒啸傲 ◎ 著

中央编译出版社

图书在版编目(CIP)数据

江湖风云黄金荣 / 诗酒啸傲著. -- 北京：中央编译出版社，2014.9
ISBN 978-7-5117-2276-8

Ⅰ.①江… Ⅱ.①诗… Ⅲ.①黄金荣(1867～1953)—生平事迹
Ⅳ.①K828.9

中国版本图书馆 CIP 数据核字(2014)第 176771 号

江湖风云黄金荣

出 版 人：	刘明清
出版统筹：	董 巍
策划编辑：	黄海明
责任编辑：	韩继海
责任印制：	尹 珺
出版发行：	中央编译出版社
地 址：	北京市西城区车公庄大街乙 5 号鸿儒大厦 B 座(100044)
电 话：	(010) 52612345(总编室)　　(010) 52612313(编辑室)
	(010) 52612316(发行部)　　(010) 52612315(网络销售)
	(010) 52612346(馆配部)　　(010) 66509618(读者服务部)
传 真：	(010) 66515838
经 销：	全国新华书店
印 刷：	北京晨旭印刷厂
开 本：	880 毫米×1230 毫米　1/32
字 数：	140 千字
印 张：	9.5
版 次：	2014 年 9 月第 1 版第 1 次印刷
定 价：	32.00 元
网 址：	www.cctphome.com　　邮 箱：cctp@cctphome.com
新浪微博：@中央编译出版社　　微 信：中央编译出版社(ID：cctphome)
淘宝店铺：中央编译出版社直销店(http://shop108367160.taobao.com)

本社常年法律顾问：北京市吴栾赵阎律师事务所律师　闫军　梁勤
凡有印装质量问题，本社负责调换。电话：(010)66509618

前言
preface

太阳的余辉仍笼罩着上海这座远东的大都市，大街上人来人往，趴活的黄包车夫吆喊声此起彼伏。舞台戏院门前更是热闹，看戏的、小贩，还有乞丐，都混杂在一起。

这时，一辆黑色轿车缓缓停在戏院门口。前座一名五大三粗的大汉抢先跳下来，打开后座开门，车上缓缓走出一个人来。此人身材矮胖，皮肤黝黑，目光炯炯，口大容拳，脸上有隐隐约约的麻斑。他便是早已成名的上海法租界巡捕房的华籍总督察长、上海大亨之首、绰号"麻皮金荣"的黄金荣。

翻开黄金荣的档案，发现他既未曾执管习文，应试中举，也从未舞刀弄枪，领兵打仗，那他靠什么在沪上如此风光呢？无论是政治、经济、军事、教育、金融工商、社会事业，他又凭什么都能插上一手？

虽然历史上没有黄金荣习文弄武的记录，但有他发迹的每一个脚印。

黄金荣在上海漕河泾长大，少年时代曾在老城隍庙一带打工，后来又设法混进法租界的巡捕房，端上了洋饭碗。黄金荣早年曾在黑帮队伍里混过，知道如何才能讨法国佬的喜欢。为了证明自己的破案能力，他收买了一批流氓，玩起了无间道——利用他们去破获另一批流氓犯的案。同时，他又雇佣一班小混混做群演，向管区内的富户商家丢砖头、收保护费，自己则跟在后面大做好人，把那些家伙打骂得如老鼠见了猫一般。

就这样，黄金荣通过导演一系列"贼喊做贼"的戏码，闹得租界内鸡犬不宁，而自己则来维持治安，以博得旁人的尊敬与法国主子的赞赏。如此一来，他的势力、名声越来越大，地位步步上升，最后挤入社会名流之列。作为流氓"白相人"的"后台老板"，黄金荣在幕后操纵着一切，保护着这些流氓们，同时又与这帮小子坐地分赃、开赌台、办游乐场、包销鸦片，继而开设工厂、银行。

在外国人手下做洋奴，得处处听命于洋人的，这一点不可否认，除非你不吃洋饭。而黄金荣的高明之处，是把自己由洋人的拐杖变成洋人的"腿"，洋人可以扔了拐杖，但不能扔掉"腿"。所以，他能够把一些不利因素变成有利因素，让洋人对他"时时依靠"。直到退休以后，他依然能够发挥余热——控制法捕房，让法国佬受制于他。

不仅如此，黄金荣在民国江湖也很有一号，是上海滩的"青帮大佬"。其实，黄金荣是青帮中的"空子"，也就是说青帮没给他发营业执照，按理不能开香堂收徒。但他却不信这个邪，堂照开，徒照收，还通过各种途径与手段网罗势力，在上海滩结成一张牢不可破的网。而且，虽然他长得像素比较低，满脸马赛克，但美女照睡，大姑娘、小媳妇想找谁就找准。

自青帮创立以来，没有一个人达到黄金荣这样的威势，也没有一个人能让青帮在大都市里发挥那么大的作用。黄金荣办到了，他的门徒遍及上海各个角落、每个行业，还带出了杜月笙、张啸林，连后来发迹了的蒋委员长也是他的门生，可谓是"后继有人"。

总之，从个人的角度上看，黄金荣的一生的确是飞黄腾达的，是无比辉煌的。但不管怎么样，这是一个盖棺定论的人物，是个黑色人物。他所取得的显赫、威势，不能说是历史发展的必然结果，只能是历史结疤处长出的肉瘤。

江湖风云黄金荣

目 录

一、沪上江湖的草根新秀

- 002　1、胆大妄为的麻脸汉
- 005　2、警匪一家把财发
- 009　3、最佳新人男主角
- 013　4、演而优则导的腕儿
- 017　5、男女之间那点破事
- 019　6、要玩就玩把大的
- 023　7、一所不容二"鬼"
- 027　8、阿德哥的一通侃
- 031　9、敲竹杠却丢了工作

二 溜达一圈回来继续闯

- **036** 1、只不过是从头再来
- **039** 2、这个女人不寻常
- **043** 3、鲜花插在牛粪上
- **047** 4、硬把红杏拽出墙
- **051** 5、黄小三成功上位
- **055** 6、我黄金荣又回来了
- **058** 7、凶杀案背后的猫腻
- **062** 8、心不狠,站不稳
- **066** 9、霸占酒楼商议开堂

三 敢折腾才能玩得转

- **072** 1、小瘪三当上江湖老大
- **075** 2、屈尊拜访探青帮内幕
- **079** 3、谁敢给黄老大上眼药

083	4、江湖从来不缺奇葩
087	5、打破事业发展瓶颈
091	6、盗窃学校师徒相见欢
094	7、为养子找了个俏奶妈
098	8、只有想不到没有做不到
102	9、吃着碗里的看着锅里的

四　混江湖不怕风雨多

108	1、一条龙服务的大赌场
111	2、江湖中流行"黑吃黑"
115	3、流氓会武术谁也挡不住
119	4、改造住宅后蛮力夺美
123	5、想破大案就得敢玩命
127	6、不要命的劲头我喜欢
131	7、一对亲密无间的合伙人
134	8、这小子还真是把好手
139	9、给张大帅支了一招

五　再牛的人生也会翻车

146	1、收了个革命党做弟子
150	2、孙英雄做下的巨案
154	3、救出法国佬再次升职
158	4、贩卖鸦片的东南一霸
162	5、拈花惹草霸占露美人
166	6、老夫老妻上演全武行
170	7、跟我狂？整不死你
174	8、老头子这回摊上事了
178	9、鞭炮声中迎娶一代名伶

六　爷们我就是这么狂

184	1、虐心又虐身的婚姻
187	2、小女子劈腿涮麻皮
191	3、这礼到底该如何送

195	4、师徒之间互捧臭脚
199	5、要退休了真心不爽
202	6、苏州散心搬来飞贼
207	7、退而不休再次上岗
211	8、牵着洋人的鼻子走
214	9、岁数大了还耍流氓

七 帮会大佬也是有气节的

220	1、深耕细作就是没产量
223	2、黄麻皮对决黄滑头
227	3、让对手轻易给耍了
231	4、玩无间道拿下大世界
234	5、我就不信嚣张不过他
238	6、绑人玩这毛病也传染
243	7、跟我玩？你们还嫩点
247	8、日本鬼子的饭不好吃
250	9、高帽子捧不晕老江湖

八　一代枭雄梦断上海滩

256	1、黄、杜两大亨抗膀子
260	2、低调是低姿态的高调
264	3、蒋委员长还真够意思
267	4、老头子真的过气了
271	5、哥们、女人都蹽了
275	6、陷入绝境的穷光蛋
278	7、困境之中却有故人来
283	8、小投资换来大回报
286	9、睡梦中告别历史舞台

内容提要

　　说到民国江湖，就不能不提到当时上海滩名震一时的"帮会大佬"——黄金荣。黄金荣是上海三大亨（黄、杜、张）中的第一大亨，堪称"众家老板"。吃喝嫖赌抽、奸诈狠毒凶，他当然是流氓中的流氓，但他身上绝对不会只有这些东西。不然，他又何以能从一个街头打混的小伙计而成为众人仰目、威震上海滩的大亨呢？

　　本书以民国江湖的"天字号"人物黄金荣的生平为主线，展示了在华洋杂处、光怪陆离的黄浦江滨，特别是在十里洋场充满罪恶的租界里，黄金荣靠自己的胆气与见识、阴谋与手腕，一跃而为上海的江湖霸主。而且，本书言辞幽默、麻辣，见解深刻、独到，展现了黄金荣兴衰起落的一生，揭示了他鲜为人知的处世之道和生存技巧！

江湖风云**黄金荣**

一 沪上江湖的草根新秀

　　黄金荣一出面，便把郑家木桥的黑帮势力收拾得服服帖帖，码头上的秩序也稳定多了，洋人们十分满意：这麻脸行啊，是块干活儿的料！

　　黄金荣在法租界里的地位日渐提高，名声也是越来越响。每到一处新的管辖区域，他便故伎重演，用"义气"笼络黑帮人物，结拜了不计其数的兄弟，暗地里也收了不少的徒弟，有了一些为他跑腿卖命的走卒。

1、胆大妄为的麻脸汉

十里洋场大上海，中南大旅社。

一天，有个身穿高级棕色西装的先生，挽着一位小姐来开房间。在他俩登上三楼时，从楼上匆匆下来的一个麻脸汉子，正好与那小姐擦肩而过。那麻脸只感到一股清雅的香气扑鼻而来，等他回头瞧那小姐时，她已扭动着富有曲线美的躯体登楼而去。

这股清幽的香味和那动人的背影，惹得麻脸汉子着了迷，他忙回到帐房间查看旅客登记册，知道那位小姐名叫阿芳，年方二十一岁，住308房间。

看完以后这麻脸更是坐立不安，他心急火燎地忙"噔噔噔"又返身爬上三楼，气喘吁吁来到308室门口，透过门上的一小扇玻璃悄悄向室内一瞥。不看则已，一看麻脸顿时三魂出窍、七魄飞天，因为那位小姐实在太漂亮了。在他张望时，她正好脱去一件鹅黄色的薄绸无袖旗袍，藕臂裸露，乌发披肩，秀眉樱唇，双眸含笑，娇媚无比。

麻脸在十里洋场上海滩真不知见过多少漂亮的女子，可若和眼前的风流美人相比，无不十分逊色。怎样才能将这个艳丽的小姐弄到手呢？

熬到半夜 12 点多钟,麻脸拿着旅社的钥匙,与另一个同伙闯进了 308 房间。

此时,这位阿芳小姐正与带她来的先生在床上,颠鸾倒凤淫声连连。只见一道手电筒的白光射穿黑暗,照在她雪白的胴体上。阿芳不知发生了什么事,忙推开压着她的男人,恐惧地缩进了被窝。

那男人看见两个黑影站在床前,以为是歹徒,慌慌张张摸出皮夹子说:"这点钞票拿去,算是我请两位吃老酒。"

"哈哈哈!谁要你的铜钿,起来,我们要查房间。"

麻脸说着,扭亮电灯,此时他早已换上巡捕房的警服,腰间还挎着手枪。

等电灯一亮,那麻脸故作惊讶,一把将这位先生从被窝里拖出来说:"好!我们查的就是你,想不到你抢了银行还到此地来玩女人。走!把他带到捕房去。"

"警官!警官!你们看错人了,我是规规矩矩的生意人,从不做犯法的事,你们不能乱捉好人啊!"

麻脸嘴巴一歪,跟来的巡捕马上替他穿好衣服,带上手铐。这位先生不知这飞来横祸怎会落在自己的头上,于是大喊冤枉。这麻脸拔出手枪喝道:"不许喊,老老实实闭上你的嘴巴,不然请你吃生活。"

等这位倒霉蛋被带走后,麻脸对吓得面无人色的阿芳说:"你乖乖睡在被子里,不许起来,等一会我来审问你。"说着熄了灯出门而去。

等其他房间看热闹的客人都已回房,各自又进入梦乡时,麻脸换了一套睡衣,踮着脚喜滋滋溜进308室。他进去后更不发话,径直就钻进了阿芳的被窝……

这个敢于如此胆大妄为的麻脸汉子是谁?他不是别人,正是日后在上海滩鼎鼎大名的黄金荣。当然,此时他还没有那么大的威势,只是法租界巡捕房的一名普通巡警,但已经懂得"有权不用,过期作废"的道理。

第二天,黄金荣起床后,拍拍屁股走人,分文不给。那阿芳也无可奈何,谁让人家现在是租界里的大爷啊!有洋人在撑着腰呢!

出来旅社,黄金荣考虑了一下,没决定好去哪儿消遣,好像每个地方都有些腻烦了。于是,他干脆四处去闲逛。

一个卖香烟的小男孩见一个巡捕过来,正要躲开。黄金荣一把拉住他,拿了一把烟,又使劲在小男孩头上敲了一记,这才罢休。小男孩如获大赦般地跑走了。

黄金荣点了一支烟,边抽边得意地想:自从当上了巡捕,天天蹭吃、蹭喝,真是痛快啊!不过,他又一琢磨:要在法租界混出一些名堂来,只是脱光了膀子干、讨好租界主子,不是个办法,还得有点手段。

当巡捕主要是维持治安,一根警棍是完全行不通的。租界里有许多黑帮势力,他们操纵着租界里的秩序,那些小混混、小瘪三一声令下,租界里便准会被闹个天翻地覆,让人不得安生。

很多巡捕用硬斗的方法对付那些黑帮,结果不是被人饱揍一顿,弃于街头,就是家人受累,被黑势力搅得家破人亡。黄金荣觉得这样很愚蠢,凭着自己曾与黑帮人交往的经验,以及自己多年来在道上混的经历，要镇住这些黑帮势力，就必须先和他们交好。因为他知道这些人心狠手辣，逼急了什么事都干得出来。但是他们极重义气，只要是兄弟好友，说什么也会给个面子的。

黄金荣决心要在这被称为洋场的社会舞台上，赤膊上阵，大显一番身手，成为众所瞩目的大人物！

2、警匪一家把财发

上海的洋泾浜郑家木桥，是英租界与法租界的交界之处，也是上海滩的重要码头之一。黑帮势力在这里很猖獗，打架行凶，勒索过往船只，收取保护费，绑架敲诈，弄得人心惶惶。

没过多久，法租界巡捕房就把黄金荣调至郑家木桥一带，命他维护当地的治安。当时有这么一段对话：

"上头为什么这么看重我？"黄金荣问。

"还不是因为你工作卖力，敢脱光了膀子干。"巡捕房头头说。

"不过总这样也会挨打啊！"

"笨蛋，赶上我们人多的时候你再干，如果打不过就叫人！总之，我们从不承诺放弃使用武力。"

得到了上级的授权，黄金荣便开始撸胳膊、挽袖子，准备大干一场。

郑家木桥的流氓头目有两个人,一个叫丁顺华,一个叫程子卿。这天,他们得知有一艘大船要来,便暗中布置好人手,看船主识不识相。识相的话,船一靠岸便会与他们联络,孝敬点烟酒钱,算是上香,以后的费用再慢慢算;不识相的话,那只有一条路了——打到他识相。

丁顺华、程子卿在码头不远处的一家茶楼上望着,见这艘船的船主什么招呼也不打,便开始忙着卸货,正是属于那种不识相的主。于是,丁顺华向一个手下使了一个眼色,几个大汉直奔码头。

这些人来到码头,逮住那些搬运工不由分说一顿猛削,有的还跳上那艘大船,把货物纷纷抛到水里。一时间,码头上一片混乱,叫喊声响成一片。一些过路人也不免受牵连,冷不防地便会挨一皮带,叫苦连天。

丁顺华在茶楼上满意地看着自己导演的作品,程子卿一边若无其事地嚼着花生米,一边和丁顺华聊着昨夜那场赌局。

突然,"嘟嘟嘟——"响起一阵警笛,一些胆小的人慌忙四处逃散,只剩几名打得正眼红的小子还在乒乒乓乓地瞎揍。不一会儿,一群身着警服的巡捕出现在码头,挥舞着警棍,驱散人群,拉开几个还在扭打的人。

程子卿眼一抬,望着码头的变故,对丁顺华说:"走!去看看,是哪个巡捕这么不开眼?不想混了吧!"

丁顺华起身和程子卿一块下了楼,门口守着的喽啰们也紧跟着一块赶了过去。

码头上已平静了许多，只听见一个巡捕在大声地发号施令，上海话里夹杂着一些苏州口音。没有人被铐起来，也没有人被警棍打，几个打手眼睛都凶狠地盯着正在被巡捕盘问的船主。船主说一句什么，那巡捕便呵斥一句，或者推一把。那哥们脸上整的血呼啦的，已经吓得一句话也说不出来。

程子卿、丁顺华看见了这副景象，脸色缓和了不少。

那巡捕正是麻脸黄金荣，他指了指一个小瘪三，继续发号施令："现在已经没事了，其他人的统统散开！船主和那个人一并带回去，再详加查问。"另外一个巡捕将他们带走了，剩下的那些主力打手一个没动。

程子卿上前一步，提高了声音问："哥们，请教一下尊姓大名。"

黄金荣转过身来，看了一眼，便知来人是何方神圣了。他抱了抱拳，说："二位真是贵人多忘事，我们以前见过的。"

程子卿、丁顺华一愣，想不起在哪儿见过这个麻脸。黄金荣哈哈大笑，说了自己名字。程、丁二人这才想起，在某个赌场里确实遇见过这个麻脸，只是当时他还是个小瘪三，一泡尿的功夫就把他忘了。

程子卿看出黄金荣有意包庇自己的人，而且见他说话也是十分豪爽，不由心生好感，存心要与他结交，当下便请他来到那家茶楼，上楼坐了。

坐下之后，黄金荣笑着说："我早就知道二位的大名了，也知道你们是这儿当家的。只是今天这事，二位做得不够爽……"

程子卿听他这么一说，赶紧问道："莫非兄弟有什么高见？"

黄金荣见自己的目的已差不多快达到了，便全盘托出自己的"高见"。

所谓的"高见"，说白了其实也就是现在所说的"警匪一家"。黄金荣提议，以后程、丁二人约束好自己的小弟，尽量不要再在码头闹事。如果事情闹得过多过大，惹火了法国鬼子，一定不会有好果子吃。

程子卿一听，心觉有理，不由连连点头，身子也前倾了许多，听着黄金荣继续往下说。

"与其凭借着打打杀杀强行收取过路费和保护费，不如我们合作，共同维持码头'治安'。至于损失的那笔费用，我来代为征收，而且可以抬高价码，再与二位平分，这岂不是两全其美？往后，如果手下犯了什么事，在巡捕房也好有个照应的嘛！"

一番话说得程子卿、丁顺华心服口服，对黄金荣更是刮目相看。丁顺华站起身来，激动地说："黄大哥，如果你不嫌弃，我们三人结拜为兄弟，往后便是一家人了。"

程子卿也琢磨这是个对双方都十分有利的主意，也附和着要与黄金荣结拜。

到此，黄金荣已经基本上达到自己的目的了，他也不再推辞，站起身来，笑道："能与两位做兄弟，是我黄某天大的福气啊。"

于是，三个人便在茶楼上论了大小，正式地结拜为兄弟了。

从此以后兄弟三人就成为一条绳上的蚂蚱，互相串通，共同维护着郑家木桥码头的"治安"。

3、最佳新人男主角

黄金荣一出面，便把郑家木桥的黑帮势力收拾得服服帖帖，码头上的秩序也稳定多了，洋人们十分满意：这麻脸行啊，是块干活儿的料！

黄金荣在法租界里的地位日渐提高，名声也是越来越响。每到一处新的管辖区域，他便故伎重演，用"义气"笼络黑帮人物，结拜了不计其数的兄弟，暗地里也收了不少的徒弟，有了一些为他跑腿卖命的走卒。

表面上，黄金荣与黑帮势力和平相处，也确实使当地的治安大为好转，哄得上司们心花怒放。暗地里，他与黑帮势力穿一条裤子，变本加厉地盘剥当地的商贩与平民百姓。借此手段，黄金荣肆无忌惮地捞取油水，腰包很快就高高地鼓起来了。

过了些时日，黄金荣想起来在萃华堂打工时，由大导演陈世昌带着演出的"抢劫"那一场戏。在那场戏中，作为主角的他不仅得到了奖金，还被师傅与顾客评为"最佳新人男主角"。这场戏教会了他如何去"贼喊捉贼"，也帮他找到了一条升官发财的新路子。

原来，黄金荣十六七岁时曾在上海城隍庙萃华堂裱画店当学徒。当时，他正是屁股不挨板凳的年纪，平时一有了空闲便打架练手脚、抢劫练长跑。有一次，在一家茶楼里看人打麻将时，带有黑社会性质的星探兼导演陈世昌发现了他，觉得这小子是个好苗子，决定给他一次试镜的机会。

陈世昌在小东门一带混，有个外号叫"签子福生"，经常导演一些套签子骗钱的戏码。他精通吃喝嫖赌，整天聚众赌博，出主意干坏事，擅长的桥段有：喝药递瓶，上吊给绳，跳楼的挥着小手绢送行等。

结识陈世昌以后，只要一有时间，黄金荣便从裱画店里溜出来，跟着他出入各种茶楼，体验生活。陈世昌对黄金荣也颇为欣赏，教会了他许多赌博舞弊的手段，更教会他许多黑社会中的内幕，让他对演黑帮戏有了更多的了解。

有一次，陈大导想拍一个小成本的惊险动作片——抢劫，男主角就是黄金荣。因为胶片紧张，这部戏必须一遍过，不许重来。所以，黄主角没事就看导演组提供的剧情大纲：

当有顾客送名画来萃华堂裱画店装裱时，黄金荣就暗地里通知陈世昌的手下。这些人事先藏在某个路口，一旦顾客取了画经过路口时，便抢了画就蹽。抢得的画转手卖掉后，所得的钱可以分黄金荣一部分。

这天，好戏开拍了！

见扮演顾客的群众演员送来了一幅名画，黄主角眼前一亮：来大生意了！他赶紧溜出店外，去通知在剧中客串的陈世昌。陈世昌也是暗爽，不动声色地安排着其余的群众演员：一拨守在路口，另一拨在后面接应，拿了画马上蹽。

看着陈世昌气定神闲的样子，黄主角暗暗惊叹：大导就是大导，那种颐指气使的气场真是令人羡慕！

黄主角回到店里，正赶上那位顾客取了画要走。他看了一眼那卷画，心想：用不了多久，它就能变成钱了。

"阿荣！"萃华堂老板叫道："这位老爷还有好几幅字画，你一并拿着，送这位老爷回府。"

黄主角一听，头皮轰的一炸：本来画一出店堂，丢失与否，概不负责，现在偏偏让他夹在当中，这不是存心刁难吗？再说剧本中也没这个情节啊！可是导演不喊卡，就要一直演下去，他只得骑驴看唱本——走着瞧。

老板拿出好几卷山寨货，和那幅名画放在一起，交给黄主角捧着，要他一定要把那位顾客送至家中。黄主角硬着头皮点点头，心里问候着编剧的祖宗八辈，脑子里却飞快地转着，考虑着如何去处理新加的戏码。

一路上，黄主角跟在后面走着，额上渐渐沁出汗珠，因为小混混们埋伏的路口就在前面了，演砸了就不好了。

果然，刚到那个路口，一伙扮演小混混的群众演员便跳出来一哄而上，将走在前面的那位顾客撂倒在地，拳打脚踢一顿怼。那小子好歹是个男人，可叫唤得跟娘们似的。有人嫩得一掐就出水，他却怂得一掐就出鼻涕泡儿。

另一个人顾不上鄙视他，飞快地从黄主角怀里抢走了所有的字画，百米冲刺般的蹽了。现在黄主角也已经入戏了，他一跺脚，急中生智，大喊了一声："抓强盗啊！"跟着冲入了那条小巷。

黄主角追上那个人,一把抓住他。那人扭头一看是黄主角,惊诧地问:"怎么是你?"

"快别磨叽了,把字画都给老子。"

黄主角夺过那一捧字画,从中抽出那幅名画交给那人,急急地说:"快拿走这个,这才是值钱的。来,快在老子手臂上戳一刀子!"

那哥们只是为个盒饭来凑数的,见要往男主角的身上捅刀子,他立马就怂了。黄主角一看他要尿裤子,急了,再迟疑下去戏就要穿帮了!于是,他便夺过匕首,往自己左臂上连划两刀,一股鲜血流了出来。

这时候,那位顾客已经向这边跑来,估计削他的人已经散了。黄主角马上来个漂亮的假摔,然后右手紧紧地捏住左臂,装模作样的大声呻吟起来。

虽然被抢走了名画,但那位顾客还是十分感激黄主角为他舍命夺画,在老板面前大大夸奖了他一番。在陈世昌那边,黄主角也被大加赞赏,他反应迅速、随机应变的长处为他争了不少的面子。画卖出后分赃时,黄主角也因此多得了一份劳务费。

4、演而优则导的腕儿

当年的新人黄金荣现在已经有一点腕，有一点权，有一点势，更有一点钱，不过他是不满足的。现在黑白两道都肯买他的账，他有了一定的地位与名声。于是，他考虑着利用这点资本，演而优则导，在租界里重新改编"贼喊捉贼"的戏码，导演几出既叫好又叫座的大片来。

演出地点就定在上海法租界，那是个繁华的场所，商店云集，除了绸布店、杂货铺、珠宝店，还有百货公司。这些商店平日生意兴隆，但最怕的是小流氓上门闹事，因而巡捕房为维持租界治安，一直派一些巡捕在街头晃荡。

黄金荣了解了这些情况，便常常找些流氓地痞做群众演员，在商店门前或闹市地区寻衅取闹，甚至假装打架和骂街，影响商店营业，使顾客不敢进店买东西。这时，黄金荣便带着巡捕和便衣密探上街捕捉，闹事的流氓闻风逃之夭夭。

一些商店老板和富翁财主，感到黄金荣的确有一套。于是，每逢过年过节，都会给他送钱送礼，把他当作保护神、靠山。黄金荣自然是喜上心头，却又不动声色，他明白这时候就要显示自己的表演功力了，推拉的分寸一定要拿捏好。

黄金荣："你这是什么意思？"
店老板："没什么意思，意思意思。"
黄金荣："你这就不够意思了。"
店老板："小意思，小意思。"
黄金荣："你这人真有意思。"
店老板："其实也没有别的意思。"
黄金荣："那我就不好意思了。"

　　那些被派出捣乱的小瘪三、小痞子除了白吃盒饭，还从中得到不少好处，又不会惹上官司。所以，他们都更加死心塌地地为黄金荣出力卖命，那一出出戏是越演越精彩。

　　看到黄金荣这么卖力地维护租界里的治安，巡捕房的洋人上司对他也是赞赏有加，正打算着给他升职加薪呢！

　　一天，把兄弟程子卿告诉黄金荣，前面弄堂里新开了一家糕点铺，看样子挺有货，油水很足。手下人已经去告诉老板，让他来寻求黄巡捕的保护了。但老板有点驴脾气，根本不吃这一套，什么"意思"也没有表示，今天就照常开张了。

　　黄金荣把这件事交给了程子卿，让他去安排一下：群众演员们准时去捣乱，巡捕们准时地赶到，和以前许多次一样。

　　看看时间差不多了，黄金荣觉得新戏要开场了，便叫上另外一名资历很浅的周姓巡捕做配角上街去巡逻。来到离糕点铺不远的街道拐角处，黄金荣借口吸烟，拉着那个周巡捕停了下来，注意着周围的动静。

　　糕点铺里张灯结彩，满地都是红色纸屑，估计是刚刚放完鞭炮。店主是一个十分硬朗的五十岁开外的老头,正红光满面地站在门口,和前来道贺的宾客互相打着招呼,一片喜气洋洋的景象。

不一会,一群小痞子吆三喝四地挤到店前,和老板说了几句话。突然,店老板气愤地骂了他们几句,伸出手去要赶开他们。这些痞子们也火了,一把推开老板,三三两两的便冲入店中。店内立即响起一片嘈杂声:摔破东西的声音、玻璃破碎的声音、老板的呵斥声。同时还传来一声女子的尖叫声,夹杂在那群痞子的嬉笑声中,老板愤怒的呵斥声已完全变了调。宾客们纷纷从店里逃出,避开这场打斗。

黄金荣觉得该出场了,他扔下烟蒂,用脚踩熄了,掏出警笛"嘟嘟"地吹了起来。如果只看身材、气度不看脸,采光灯再那么一照:哇塞,大明星!

还没进店门,便和一个小痞子撞了个满怀,黄金荣一愣,那小子却对他使了个眼色。这时,那个周巡捕不明底细,傻了吧唧冲上来要抓这个痞子。

黄金荣浑身都是戏,怎能让他抢镜!只见黄金荣脚下一绊,那周巡捕便打了个趔趄,手抓了个空。黄金荣趁机挡在他前面,佯装去追那个痞子,还对着镜头挥动了一通警棍,绝对一个专业演员水平。

黄金荣追了一段又折了回来,假意查看店里的损失。

店里一片狼藉,没几样完整的东西了,店老板躺在地上,脸上血呲呼啦的,已经晕了过去。黄金荣心想:这帮死跑龙套的,演得太过头了，弄出人命来可不好收场。

店老板身边蹲着一个小妞儿，哭得稀里哗啦，口里直喊："爹爹！爹爹！"

黄金荣留意了一下这小妞儿的背影，马上断定是位美女。小妞儿听到有人来了，马上抬起头来，转过脸，望着黄金荣。黄金荣一下便被这小妞儿的美色吸引住了：她实在是太过尤物了，杨柳细腰，眉目含情。

黄金荣心中暗喜：看来今天有老子最拿手的感情戏！但他很快地掩饰住了心中的欲望，轻轻咳了一声，作出公事公办的样子对那小妞说："你爹负伤了，必须送到医院去。你马上随我去巡捕房，把事情经过说一下。周巡捕，你去叫车，把老人家送到医院。"

周巡捕答应了一声，叫了辆人力车，搀扶着店老板去了医院。

黄金荣总算有了一个单独与美女相处的机会，他驱散了看热闹的人群，在店里找了一把椅子坐下。

那小妞奇怪地问："你不是要带我去巡捕房吗？"

"是啊！不过巡捕房太远，咱们在店里头问问就行。"

于是黄金荣借盘问之名，把小姐的姓名家世问了个清清楚楚。这小妞叫王嫣红，家道小康，父母仅此一女，捧若掌上明珠。从她的言谈举止中，黄金荣看出了她的不谙世事与单纯无知，她自幼跟着父母四处做生意，又养成了豁达开朗的性格。对付这种女子，黄金荣自认为是十拿九稳。

5、男女之间那点破事

以后的几天，黄金荣都以公事为名，几次三番地去看望王嫣红父女，连感谢费也忘了收了。王嫣红的父亲也很感激黄金荣，将他视为救命恩人，一见黄金荣来了，便好烟好酒招待着，唯恐怠慢。而嫣红十分感谢黄金荣帮他们赶走了痞子们，还热心地叫人帮她把父亲送到医院去，所以开始便对他有了几分好感。

经过这些年在上海娱乐圈的磨炼，黄金荣早已是情场老手，演戏的手段高明得一般人都看不出来。出于对嫣红外表的迷恋，他竭力把自己装扮成一个老实肯干的巡捕，虽然长得像素比较低，满脸马赛克，但心地是朴实的。这一招果然奏效，嫣红对他的好感也渐渐增加了。

黄金荣善于察颜观色，很快就看出了这一点，更是一有时间便往嫣红家凑，给她讲自己小时候的趣事，当学徒时的艰辛，作捕快时的见闻。嫣红听得十分开心，时常孩子气的笑起来。黄金荣恍若回到了数年以前的某个弄堂里，那里也有一个女孩曾如此对着他笑。

当年，黄金荣还是个小孩子，跟随父亲从苏州来到上海，在这里找到了几个臭味相投的"小伙伴"。上海是个花花世界，在这些小痞子、小流氓的影响下，黄金荣渐渐学会了一些偷鸡摸狗、偷看寡妇洗澡之类的流氓事情。

有一次，黄金荣在一条小巷里被一个穷人家的小女孩不小心泼了一身水，小女孩很过意不去，连忙给他擦拭。一来二去，两人就认识了。他们常常坐在僻静的弄堂地上，忘记了吃饭，忘记了各自的烦心事，无拘无束地说着、谈着。

当时，黄金荣正是情窦初开，尽管平日里无赖成性，但依然是个雏儿。突然之间，他觉得这个世间还有一些令人向往的美好，还有一些不在乎他满脸麻子的人，他发誓：待她长发及腰，自己一定娶她。

可是后来，小女孩悲伤地告诉黄金荣，让他以后不要再来找她了。因为小女孩的父亲嗜赌成性，借了高利贷无法偿还，把她卖掉了。

黄金荣好不容易遇到这么一个可爱的小女孩，作了几日美好的梦，甚至被激起要去保护她的念头，可是这一切刚刚开始便结束了，他这只青蛙又被打回了原形。这真是初恋无限好，只是挂得早。

事情过去了这么久，黄金荣还是忘不掉那个小女孩。即使后来他变成流氓，也希望告诉别人：我纯真过。

后来，嫣红的父亲向黄金荣提起，愿意把女儿许配给他，他犹豫了。黄金荣一来觉得家室是个拖累，他的理想是处处都有家，个个都如花，夜夜当新郎，从来不空床；二来觉得王家只是小康人家，对他日后的发达用处不大；三是，他钟爱嫣红，更多时候只是把她作为那个小女孩的替代品。

心中这么一盘算，黄金荣就不愿娶嫣红为妻，他对自己说：玩玩罢了！

在一个雨夜里，荷尔蒙分泌过盛的黄金荣悄悄来到王家，敲开嫣红房间的门，闪了进去，一把抱住嫣红。这种鲁莽的举动并没有引起对方的反感，黄金荣便更加放肆起来……

事后，嫣红哭着要黄金荣娶她。黄金荣便假称自己还是个小巡捕，连个住的地方也没有，等将来混好了，一定把她娶过门去。黄金荣还一再地让她对她的父亲保密，否则她父亲的犟脾气会让自己吃不了兜着走的。

嫣红自知也怪自己把持不住，又羞又愧，也不敢对旁人提起，只有由着黄金荣摆布，居然成为了他的情妇。于是，两个人瞒着嫣红的父亲，在夜里重复上演着男女之间那点没羞没臊的事。

6、要玩就玩把大的

在租界里，各国的银行林立，那些花花绿绿的钞票、银晃晃的银元，对谁来说都是一个巨大的诱惑。于是，租界里银行的护卫便是当局最重视的一项事务，一旦发生什么抢劫案，都会引起他们的极大震动。

黄金荣玩熟了"贼喊捉贼"的把戏，胆子渐渐大了起来。而且他现在又知道上司有给他升职的意思，就决心要干一件让人瞠目结舌的大事——劫银行。

这天夜里，黄金荣正巧在嫣红房间里过夜。

突然，门外传来程子卿低低地唤声，惊醒了黄金荣。黄金荣蹑手蹑脚地下了床，打开后门出去了，和他在窗下小声嘀咕起来。

"荣哥，几个兄弟都准备好了，就等你吩咐了。"

"有新手吗？"

"放心吧！荣哥，都是'最佳男配'。上次糕点铺的好戏还不是他们几个帮的忙……"

"小声点，那小妞就在里头睡着呢！"

"嘻嘻，荣哥真有两下子，叫人在她店里捣乱，然后荣哥便英雄救美……"

"住嘴！"黄金荣粗鲁地打断了他，"银行的布局那几个兄弟都清楚了吗？"

"都说给他们听了。"

"到时别忘了准备几个空包，还有几个替死鬼。记住！抢钱时要淡定，千万不能慌！"

"记住了！荣哥，你放心吧！咱哥几个绝对没问题。"

"你还是快点回去，少在这瞎白货了，养足了精神，明儿干正事！"

"妥了！荣哥你也先进屋去干你的事吧！"

黄金荣轻轻哼了一声，又低声吩咐了一下才悄悄地回到屋里。

黄金荣掀开帐子，轻轻揭开被子，正要钻进去，嫣红说话了："你是骗我的。"

黄金荣吓了一大跳，但马上反应过来了：他们刚才的密谈全给嫣红听见了。黄金荣凑了过去，想亲一下她，嫣红一扭身，用背对着他，缓缓地说："你骗了我和父亲不说，现在还想抢银行，你就不怕被人发现吗？"

"被人发现？只要你不说，又有谁会知道？我知道你对我好，所以……"

黄金荣干脆承认了这一点，还把自己未来的打算，自己升官发财的梦，对她说了一遍，又花言巧语了一番。

嫣红想着自己已是他的人了，迟早是要跟他走的，虽然黄金荣骗了父亲和自己，但这些日子黄金荣对她们父女还是相当不错的。自己一个弱女子也无力去阻止他们抢银行，就这么算了吧！嫣红含泪睡去了。

黄金荣却不淡定了，他觉得身边这个女人就像个定时炸弹，她一旦泄露今日的事，自己的前程就玩完了，黑白两道都会呆不下去的。他想害了嫣红，又下不了手，这些日子他对嫣红还真产生了一些情愫。怎么办呢？

看看嫣红暂时被稳住了，黄金荣也顾不了这么多了，紧锣密鼓地开始了自己的行动。

第二天一早，黄金荣赶到巡捕房，向上司报告，说根据可靠消息，有人将在今天抢劫租界里的一家银行。

巡捕房立即忙乎了起来，一干人马上集合，全副武装地赶往银行。银行比较靠近租界的边缘，离巡捕房有段距离，因而等巡捕们赶到时，那一伙人已抢了钱，正准备开溜。

由于黄金荣还没到银行，便开始吹起警哨了，银行早已是一片混乱。见一大群巡捕来了，人群更加骚动。黄金荣他们被人群冲得东倒西歪，这样又来晚了一步，抢匪们都逃得差不多了。一个年轻巡捕奋力一扑，抓住了一个正在逃跑的抢匪。黄金荣笑着说他是卧底，这次有人抢劫银行的消息就是由他提供的。于是，这个抢匪就轻轻松松地被放了。

这次巡捕房是"大获全胜"，黄金荣提供情报有功，很快便被提拔为探长了。现在，他腾出手来解决嫣红的问题了。

黄金荣找了一个身材与他相仿的小瘪三，给了他一身自己的衣服，让他穿上，吩咐他晚上的时候从王家的后门进去，摸黑上床，剩下的事，他爱怎么干就怎么干了。

黄金荣自己则找了个借口，晚上从前门进去说是去看望嫣红的父亲，以聊天为名待了很久也不走。嫣红父亲见了黄金荣十分高兴，和他天南海北扯了起来。

嫣红知道黄金荣今晚会去找她，就早早地熄了灯睡了。门响了一下，一个黑影便进来了，熟门熟路地上了床。嫣红朦朦胧胧地看了一眼，以为是黄金荣，便搂住了来人……

黄金荣和嫣红父亲侃着，觉得时间差不多了，于是就说："我有几句话想对嫣红说，大伯引我去她的房间，好吗？"

嫣红父亲一想，觉得黄金荣也不是什么外人了，于是就领了他过去。

敲门声一响，嫣红和床上那个人便麻爪了。嫣红嘴里答应着，已来不及把那个人藏起。她父亲听见里面哐里哐当地一阵乱响，以为女儿出了什么事，慌忙把门撞开了，眼前的景象几乎把他气得吐血：嫣红半裸着身子，身旁站着一个光着上身的陌生男子，傻傻的。嫣红父亲脸色煞白，一句也说不出来，指着嫣红只是发抖，跟踩了电门似的。

嫣红猛然看见了父亲身后的黄金荣，脸色一下变得惨白，忍不住厉声惨叫了一声，伏在被子上大哭了起来。

黄金荣冷冷地笑着，他对嫣红低低说了一声："哥只不过是个局，而你却入了迷。"说罢，转身即走，再没回头。黄金荣知道这样一来，嫣红便会永远不再说什么了，对他黄金荣再也没有什么威胁了。

7、一所不容二"鬼"

在上海城老西门外，有个庄子。庄子的四周有一圈两人来高的围墙，严严实实地裹住里面的房舍、树木。南面两扇乌黑的大门，终年关闭着，一个月难得打开几次。门额上钉有一方大匾，上书"四明公所"四个大字。

这庄子里，或者说这"公所"里，住着的主要不是人，而是"鬼"。差不多每个月都有"新鬼"迁来，当然也有"老鬼"迁出。原来，这"四明公所"是宁波人同乡会造的寄存棺材的地方，门前的一大片荒地是宁波同乡会的墓地。

当时有三十多万宁波人旅居上海，是上海外来人中数量最多、势力最大的一支，号称"四明帮"或"宁波帮"。这三十多万人中每年每月变成"鬼"的，除了少数"魂归故乡"之外，大部分都聚居在这公所里。在所里呆了几年，若无法"叶落归根"，那便抬到门外的墓地里埋着。

四明公所的创办，远在法国鬼子来到上海滩之前。法国鬼子来了以后，在上海滩划定租界，四明公所被划入。法国鬼子对租界内埋死人十分反感，心说，既然中国人说我们是鬼子，那就一所不容二"鬼"，我们一定要独占这块土地。

这天凌晨，四明公所围墙外树上的老鸹突然呱呱乱叫起来，一群群拍着翅膀惊起，在公所上空盘旋。

公所的管事正做梦娶媳妇，老鸹的刺耳噪声将他惊醒，他躺在床上连连吐了三口唾沫，表示对不吉利的老鸹叫声解咒。他想，今天真怪，老鸹怎么叫得这么起劲？

他披起衣服，拖着双布鞋走出房门，一片嘈杂的人声从墙外边传来。他急忙爬上墙头一看，吓了一大跳。原来，墙外边百十个法国士兵正把洋枪斜背在肩上，手里操着把洋镐，在挖墙脚。在这些士兵的背后，架着两门大炮。

那管事"啊"的一声叫唤，一个士兵听见了，扔下洋镐，从肩上取下洋枪，朝墙头就是一枪。幸好那管事溜得快，没打中。

那管事掉转屁股打开公所的边角门，赤着脚，一溜小跑地蹽到公所董事家里禀报。董事急忙飞禀上海道台。那蔡道台也不敢急慢，当即拜会法领事。

几十万宁波人一听到法国兵来拆四明公所的墙，要动他们的祖宗灵柩，还要挖他们的祖坟，立马炸锅了。乘此时机，公所董事提出罢工罢市。

次日，在沪三十万宁波人宣布罢工、罢市，连受雇于法国人的保姆、厨师也撂了挑子。愤怒的人们向法国人投砖抛石，击碎路灯，使法租界变得一片漆黑。

中午，四明公所周围挤满了宁波人，他们看见公所的围墙已被法国佬扒坍了几处大缺口，有些靠墙放的棺木已露出来，有的棺顶上正砸着大石头。见自己先人的骸骨竟被碧眼红毛野人糟踏，这些人哪有不火冒三丈的，便不管三七二十一，直往法国兵冲去……

在离四明公所百多米的地方，是一片豆腐作坊。这里的帐房较为清爽，内放一张长木桌、一把太师椅、两条板凳，黄金荣把这里作为临时指挥所。

"探长，这些宁波佬想在太岁头上动土，竟敢同法国人作对，我们要给他们点颜色看看。"法捕房包打探陈三林向黄金荣进言。

"陈哥，我看要给他们些苦头尝尝。"包打探金九龄是黄麻皮的打手，是个动不动就挥拳头的人物，这小子见那些宁波人在法国主人面前顶牛，早就手痒了。

丁顺华却不同意这两位的看法，他慢条斯理地说道："他们人多势众,这些事咱们不必干,尽可以让法国兵去做。我们呢,可以隔岸观火,有机会再……"

"看你那怂样,就你这副德行还混个毛,回家种地算了……"金九龄霍地从板凳上跳了起来。

"我怕?我怕是狗娘养的!我……"

黄金荣本来是想学学巡捕房警务总监石维也的派头,有事先让手下人出主意,让他们七嘴八舌地提建议、凑办法,而后自己装作"择善而从"的样子作出决定,以显出探长的风度来。谁想到话不满三句,手下喽啰们便相互骂起娘来了。

黄金荣右手在太师椅背上一拍,截断了他们的争吵:"你们这些怂货,难道就不能想点办法,说不上三句就掐,败兴!"

丁顺华赶紧献计道:"金哥想镇一镇宁波人,给他们点苦头吃吃,这是件正事,但不能硬来。让法国人去弹压,我们混在宁波人里头观战,打探出他们中间是啥人领头,不就行了吗?"

"这还算句人话!"黄金荣脸上立马多云转晴了,发话道:"看样子四明公所法国人是占定了,要把宁波死骨头统统扫出去。我们呢,也要捞些好处,弟兄们辛苦一场,一点好处没捞着,这哪行?阿卿,你有啥主意,讲出来听听看!"

阿卿就是程子卿,他生得细脖子小脑袋,可是馊主意特多。这会儿麻皮点到他,他才开口:"探长刚才说得好。我们先找出带头人,掌握第一手材料,而后来个一箭双雕。法国人得地盘,我们得洋钿。"

"蛮好,蛮好!"几句话说到黄金荣心坎上,他高兴得马上笑颜如花，就好像那些年我们一起追过的女孩。

黄金荣正要发表什么指示，突然听到屋外乒乒乓乓一阵枪响。他立即摸出身上的家伙，三两步跑出门去一看，他和其余的人都惊呆了：四明公所门口，已经有十四、五个中国人倒在血泊里……

8、阿德哥的一通侃

"头条，头条，法国佬打死十五个中国人！"

"头条，头条，法国巡捕打死人，法国士兵挖祖坟！"……

第二天早上，四明公所发生的事情成功上报纸头条，没有任何推手。

此事激起了在上海宁波人的公愤，不但是法租界，连英美公共租界里的宁波人，后来又扩展到浙江人，一律罢工、罢市，全撂挑子了。当时，在上海的商业界宁帮执牛耳，码头工人亦占多数，罢市罢工四天，十六里铺码头上下货物堆积如山，洋人叫苦连天。

几天后，黄金荣已将领头闹事的宁波人探得一清二楚了。这天黄昏洗过澡后，他躺在藤椅上想：抓几个呢？七个吧，当然是挑有油水的抓，让他们来保释，可以敲一票。没有油水的报告给

法国人,让他们去抓。另外三个人是在十六里铺开咸货店的,趁这时搞垮他们,把咸货店并过来。

正在黄金荣做美梦时,有人给他送来一封便函,封皮上落款是"华俄道胜银行虞缄"。黄金荣见是阿德哥来信,身子一挺,坐了起来,连忙拆开,原来是请他去撮一顿。

阿德此人是谁?

阿德就是虞洽卿,他有个小名叫"和德"。他是中国有名的买办资本家,以前与黄金荣有几次交往。虞洽卿大几个月,黄金荣管他叫"阿德哥",平日来往也比较密切。这会儿他写信相约见面,虽然信中讲得十分含糊,看来有重要事情商量。黄金荣掏出表一看——六点一刻,随口吩咐跟班叫辆汽车,自己往后房换衣服去了。

一个钟头以后,黄金荣与虞洽卿已坐在六国饭店的一个雅座里喝酒。

这虞洽卿从小在海边长大,喜欢吃鱼;黄金荣呢,也有浙江人习性,见腥眼开,这会儿来这"鱼味"出名的六国饭店品尝,自然兴致不错。

虞洽卿先让黄金荣吃个够,然后才开始神侃。

"金荣,四明公所这件案子闹大了。这件事引起公共租界市面波动,损失很大,英、美、日几国都很头疼,我今晚向你透点风,劝你做事多用脑子。"

"谢阿德哥指教。"

"不但如此,你我两个也被牵连进这件案子里了!"

"谁说的？"

"我们两个吃洋饭是不假，可骂我们是汉奸，实在冤枉！"虞洽卿没有直接回答对方的问话，而是接着说，"还说你认贼作父，为虎作伥，正在到处打探抓人。"

"娘的，谁乱说的，我让他吃刀子。"黄金荣脸上的麻子似乎正冒出气泡来，破口大骂。要不是阿德哥在跟前，他还会拍桌子哩。

"老弟性子直，本来想不告诉你这些话的，你不要发火，冲动是魔鬼。那宁波人在上海有三十几万，不是好惹的。再说，你我都是浙江人，与宁波人时常脚碰脚的，犯不上把事情做绝，让他们骂我们一辈子啊！留条后路不好吗？"

"可我吃人饭受人管呀，法国人交下来的差使，不好打折扣的。我是例行公事啊。"黄金荣听出阿德哥话中的味道来，说话的口气也随之软了下来。

"公事当然要办的，但要看怎么办。我给洋人办事比你多几年，不是我倚老卖老，对付洋人得要有办法。"

"什么办法，阿德哥不吝赐教。"黄金荣不知从哪里抠出一个"雅词"来。

"办事归办事，但在办事中还得驯服洋人，让他们变成狗，跟在你屁股后面转，让他们离了你什么也办不成。这样，你做事的功夫才能称得上到家。"

"洋人会跟在我屁股后面转？"黄金荣眼睛瞪得老大，有些吃不消了：阿德哥口气也太大了吧？今天没吃药吧？

"说通俗点，就是不要做洋人的拐杖，而是要做洋人的一条腿。洋人离了拐杖照样可以走路,但是要是断了一条腿,那他可就事事受到牵制了。"

黄金荣还是茫然地摇摇头,活脱脱一副白痴面孔。

"就说这四明公所的事,是挖祖坟的事!伯父母的坟墓不是在漕河泾吗?你逼急了,那些宁波人也会去挖呀!这不纯给自己找病呢嘛!"正好侍者送上一大盘切片,虞洽卿收住话头,招呼对方吃这新鲜玩意儿。

黄金荣连吃了三四片,辨不出是鱼是肉,笑着问:"阿德哥,这是怎么回事?明明是肉片,嚼在嘴里,却又有鱼的味道。"

"这是将烧好的白肉浸在鱼油和黄酒里12钟头后,捞出来切片就是。"虞洽卿点这道菜似乎还隐含着哲理味道,"一样菜里难得有鱼味又有肉味,大家都喜欢吃。我们办事,不是也可以两全其美吗?"

"对,我晓得了!"黄金荣恍然大悟起来,"你是说事情可以办得法国人满意,宁波人也不恨我。如果离了我,谁也不能办这件事。"

"你总算明白了!"虞洽卿笑着说道。

9、敲竹杠却丢了工作

就在四明公所案件闹得不可开交的时候,一张法国总领事几年前签署的告示使此事得到了缓解。原来,告示中有"四明公所房屋冢地,永归宁波董事经管,免其迁移"的话。

那法租界当局也被此事闹得一个头两个大:租界内停电、停水,工人停工,商人罢市,厕所溢满,臭气冲天。当看到此告示时,法租界不得不作出让步:可以交还四明公所,但要把八仙桥附近一块土地划归法租界。

晚清政府正巴不得马上解决此事,对法租界当局提出的要求,一口答应了。

眼看四明公所事件要平息下来了,黄金荣有些抓狂了。自当巡捕以来,他是唯恐天下不乱。要是没有乱子,他就没有机会捞钱。所以,有时候,他还来个"无事生非"。

当晚,黄金荣召来丁顺华、程子卿,商讨此事。二人听到黄老板如此这般这般如此的布置后,马上遵命而去。

黄金荣要干什么?绑架四明公所的甘董事。

这天,有一少妇来黄府求见。她是四明公所甘董事后娶的妻子,娘家在杭州,与黄金荣是半个同乡。黄金荣表示看在同乡的份上可以帮忙,并让她明天早上来听消息,那女人千谢万谢地告辞了。

"精品,绝对的精品!"黄金荣看着她穿着旗袍,扭着屁股走下台阶时的动人姿态,想:"最多三十岁,不胖不瘦,小脸蛋白嫩嫩的,大眼睛水汪汪的,太迷人了。"

第二天午后,那少妇到黄宅听消息。黄金荣告诉她说,董事的下落探听到了,是虹口的一个绑匪集团干的。

"能马上放出来吗?"少妇着急地问。

"事情非常难办!"黄金荣看着少妇的白脸蛋说,"那些混蛋是要钱不要命的主,不好来硬的,否则董事性命难保。"

"那他们要多少?"

"他们一开始要四千块银洋,老子好说歹说,才降为两千。他们还答应可以让你跟甘董事见次面,一切由我担保!"

这天,黄金荣开着汽车带着甘家媳妇去见甘董事。东弯西绕了老半天以后,汽车才在一个大仓库模样的地方停下。当即,有两个黑衣人领着黄金荣与甘家媳妇进门。他们让黄金荣留在一所房子里,带着甘家媳妇去隔壁见甘董事。

黄金荣隔着一层板壁,先是听见甘家媳妇抽抽泣泣地哭声,而后是唧唧咕咕地讲话声。过了一会儿,门吱呀一声响,甘董事被带走了,可是,甘家媳妇却没有出来。又过了会儿,隔壁传来一阵砰砰的响声,再就是"嘶嘶"几声撕衣服的声音。

黄金荣感觉已到火候,便起身冲进房内一看,三条大汉正同甘家媳妇扭成一团。黄金荣跃过去,三拳两脚打倒了匪徒,迅速抱起吓得魂不附体的甘夫人,一口气奔出仓库,钻进汽车,逃之夭夭。半个钟头后,在同春坊的一间密室里,黄金荣如愿以偿。

此时,这少妇真是哑巴吃黄连,有苦说不出。黄金荣是正在营救她丈夫的恩人,又是把她从几个"饿狼"当中抢救出来的保护人。这样一个恩人兼保护人提出要自己的身子,哪好拒绝呢?实际上,她也无法拒绝,旗袍原已被"饿狼"撕坏多处,黄金荣又挣了几下旗袍便全撕开了。

事后,黄金荣见那旗袍被撕得不能再穿了,他在密室里找出一件让她换上,大小长短正合身。他又从箱里摸出一双长统丝袜,用他那粗黑的大手捏着这女人的肉团脚,给她穿上,边穿边问:"刚才,你和甘老头子见面,甘老头子说了什么?"

"他说无论如何请你帮忙,快点将他救出来。他还说,赎金二千就二千。留得青山在,不怕没柴烧。"少妇坐在床沿上说到最后一句,竟抽泣起来。

"不要伤心,"黄金荣给她穿好了左脚,顺手拉过右脚再穿,"我一定尽力。明天上午拿到银票,傍晚我把人带给你。"

就在黄金荣绑架甘董事大敲竹杠的时候,"四明公所"案已告结束。法租界虽然得了地,但并不是他们想要的"四明公所",因而对这个结果既不满又无奈。尤其是黄金荣的表现,巡捕房当局看得十分清楚。

案发之初黄金荣还算卖力,后来,听了虞洽卿一通侃,他为留条后路而耍起滑头来。结果,宁波人的反抗势头未被压下去,而法国人却退缩了。华捕们办事不力,作为探长的黄金荣自然也逃脱不了责任。更严重的是,有人向巡捕房警务总监石维也报告,说黄金荣有与流氓盗匪串通一气作案的嫌疑。

破了那么多案子，却没有抓到一个真正的罪犯，老是眼线在里面起作用。许多案子别人办不好，黄金荣一出马，事情总会解决。这是为什么？糊弄傻子呢？石维也觉得自己的智商被无下限地侮辱了，一直想找个机会敲打一下黄金荣。

这年过年，照规矩华籍巡捕都要到石维也总监家里去拜年，黄金荣也不例外。但别人为了显示低调才是王道这一真理，去拜年都穿得破破烂烂，油腻不堪，整个一丐帮长老。唯有黄金荣，穿着一件崭新的绛紫色缎袍，外罩湖蓝色绸马褂，打扮的人模狗样。

总监看见他那显摆样很不爽，当着众人的面说道："你穿得太漂亮了吧！"

"过年嘛，总得像个过年的样子！"

"你不觉得太显摆吗？"

"不觉得，我们做巡捕的，有时候还化装办案呢，什么衣服不能穿？"

总监一看黄金荣敢当着众人的面和自己顶嘴，便厉声说道："你这麻皮以后做事要悠着点，记住酒要一口一口地喝，路要一步一步走！"

黄金荣听后一愣，知道这是在故意找碴，正想反驳，总监不容他说话，继续说："不要乐观的像个屁一样，自以为能惊天动地。我们是把你当作一条狗来养的，你必须忠诚主人！"

"什么？我是一条狗？那让狗来给你办案吧！"

黄金荣实在没有面子，把巡捕证往桌上一扔，一怒之下拂袖而去。

二 溜达一圈回来继续闯

　　黄金荣看到自己所提的条件，总监督都已经答应；而且，巡捕房三次来信请他，虽不能同三国时期刘备三顾茅庐请诸葛亮相比，却也能表示他们的诚意。于是，他找来福生吩咐他准备行装，该是回上海的时候了！

　　一个星期后，黄金荣、林桂生、福生登上了驶往上海的小船。

　　黄金荣到巡捕房报到之后很快官复原职，各种福利也长了几长，他有种春风得意的感觉：我终于又回来了！

1、只不过是从头再来

傍晚，西天外的一抹残阳像血一样红，群山静默着，冷眼旁观黑夜一口一口地吞噬掉最后的几缕光明。艄公的长篙划动水面，哗哗的水声是唯一有生气的，尽管它的节奏近乎呆板。

船上立着一个粗壮汉子，他正是法租界威风凛凛的黄探长——黄金荣。他这是要到哪里去呢？

原来，离开巡捕房后，黄金荣想起，苏州还有父亲的老朋友，自己也有当捕快的同行在那里，不如去苏州闯一闯。于是，他决定到苏州去干一番事业。

临走以前，黄金荣跑到郑家木桥，找到程子卿、丁顺华，又将兄弟们一起叫来，向他们诉说了不幸的遭遇。大家都为他愤愤不平，挨个问候总监石维也的父母及祖先，给了他不少的安慰。

当听到黄金荣打算去苏州闯天下的想法后，一个兄弟站了出来，表示愿意跟他一同前往，助他一臂之力。这人名叫徐福生，是天后宫一带出了名的瘪三。他在上海滩干过许多抢劫、盗窃案子，都由于黄金荣庇护而逍遥法外，因而对黄老板的敬仰简直犹如滔滔江水连绵不绝，犹如黄河泛滥一发不可收！黄金荣见有如此仗义兄弟，心中大喜，便带了他一同前往苏州。

这时，福生从船舱里钻出来，说："大哥，你还在想呀？有什么可想的！"

黄金荣沉吟了半响，长吁了一口气。

"大哥，那些法国佬不是东西，咱哥们不侍候了。我就不信，凭咱哥们，在苏州立不下一亩三分地？"福生狠狠地说着，紧攥的双拳咯咯作响。

黄金荣猛地向水里啐了一口"呸！"接着出尽了恶气似的说："福生，你说得对，看成败人生豪迈，只不过是从头再来！现在我臊眉耷眼的走了，将来一定挤眉弄眼地来。"

东方泛起鱼白肚的时候，小船在苏州城靠岸了。

黄金荣出生在苏州，在苏州落下一张麻皮脸，度过了一个充满自卑和屈辱的童年。如今，再回苏州，黄金荣的心里像打翻了五味瓶一样，反复琢磨，始终辨不出个酸甜苦辣。

黄金荣和福生披着晨曦，一头扎进苏州的小巷，穿过几道巷子，来到一道大红门前。两头石狮子像模像样地立在门前，一看这气派，就知道不是个小户人家。黄金荣抬头看见门上书有"刘宅"二字，取下搭子，说："福生，就是这儿！"

刘宅的主人是刘正康，他是黄金荣父亲黄炳泉生前的好朋友，是看着黄金荣长大的。

黄金荣和福生随管家走进院子，将到堂屋，就听见一位老人爽朗的笑声："哈哈！荣小子，快进来，让大伯看看变成啥样了？"

"刘大伯！"黄金荣喊着跪倒在地，连连磕头，福生一看这架势也跟着跪下磕头。

"快起来,快起来,屋里坐!"刘正康伸手将黄金荣揽起,三人进屋落座,家人送上茶来。

"金荣啊,这些年你杳无消息,也不知在外面怎么样,此番回来不只是为了看我这糟老头子吧?"

黄金荣拿起茶碗,啜了一口,心想:到底是老江湖,我的来意他定然已看出了几分。于是,他脸上堆着笑,臊眉耷眼地说:"刘大伯快人快语,我就不兜圈子了,小侄是因落魄而来。"

"哦?"刘正康原本堆满笑容的脸,登时僵了一下。

"前些日子,上海发生了四明公所案,我尽心办理。本想要咸鱼翻身的,他奶奶的,没想到粘锅了:有人向总监报告,说我与流氓盗匪穿一条裤子,法国人不信任我,时不时地甩脸子。我实在干不下去了!"黄金荣愤愤地说。

"荣小子,活得像条汉子,不能受那窝囊气!"刘正康顿了一下茶杯,怒气冲冲地说。

"我离了上海,想到大伯自小爱惜我,故来投奔!"说着,黄金荣再次跪倒在地。

"快起来,快起来,我和你爹有深交,你落难我岂能坐视不管!你大可不必担忧。"

黄金荣的心踏实了许多,站起身来,再次落座。

"荣小子,莫急,你离开苏州有十几年了,先在城里玩几天,我们从长计议。"刘正康真诚地说。

于是,黄金荣顺利地住进了刘宅。

日子一天天过去了,黄金荣这些天带着福生,大街小巷地闲游。虽说不愁吃喝，还时时有南国佳丽陪伴左右，可是，黄金荣打心眼儿里不快活，毕竟此次来姑苏不是为了吃喝玩乐。

这一日，黄金荣刚刚从外面回来就听说刘正康找他，忙赶到书房。

"坐！"刘正康指着身边的一把椅子说，"这些天过得怎么样？"

黄金荣一抱拳说："承蒙大伯照应，这几日舒服得很！"

"嗯，那就好，荣小子，你来苏州也有些日子了，我经营的天宫戏馆缺个看场子的，你看能不能帮我一下？"刘正康没有抬眼看黄金荣，似乎成竹在胸。

黄金荣窃喜，但还是沉吟了一下说："大伯错爱，小侄定效犬马之劳！"

"妥了！荣小子，明天你就去戏馆吧！"

黄金荣从书房出来，心里说不出的喜悦，这第一步就这样迈出了，以后的路是否一帆风顺，他无法预知。但是，他胸膛里那颗心是如此的躁动不安，他感到他的人生画卷似乎重新展开了。

2、这个女人不寻常

天宫戏馆坐落在苏州南部，在当地小有名气，楼上楼下，人来人往。黄金荣漠然地看着一幅幅众生相，眼里透着不屑。虽说安排他看场子,实际上只是个保镖,这比起当年法租界探长的头衔实在有点"小巫见大巫"。可是,毕竟今非昔比,只能凑合了。黄金荣并不经常在戏馆露面,倒是福生做了茶房,每日照应,遇有大事便通知他出来解决。

一天,台子上正演"苏三起解",女演员悲悲切切地唱着。这时,场外进来一伙人,歪戴着毡帽,叼着烟卷儿。这伙人径直闯进剧场,走到前面,拍了下一个听客的肩膀,说:"兄弟行个方便,让个座儿。"

"总得有个先来后到,凭什么让你呀!"没想到对方根本不把他当盘菜。

领头的呲牙一笑,说:"就凭这个!"话音刚落,一拳砸在听客脸上。

听客"唉哟"一声,用手捂了脸,说:"你,你,你抢座儿,还打人……"

领头的冷笑一声,说:"打你怎么着,老子废了你!"言罢一挥手,随从的人一拥而上,对着那看客一顿乱捶。

福生早已看出苗头不对,这时看见打起来了,慌忙上前劝解,无奈双拳难抵四手,一会儿的工夫也吃了几拳。

正吃紧的时候,突然有人大喝一声:"住手!"

众流氓寻声望去,见楼上走下一个大块头,那一张麻皮脸沉着,让人一望直起鸡皮疙瘩。麻皮脸朗声一笑,说:"哈哈!诸位兄弟都是道上的人,咱们'井水不犯河水'。今天,我权作是一场误会,但如果哪个兄弟非要比划比划,我黄金荣会让他死得很有节奏感。"

闻听"黄金荣"三个字,流氓头心里一颤,他知道上海滩有这么一号。据说此人很拽,养过狼,放过虎,还和猩猩跳过舞;走过南,闯过北,火车道上压过腿!但那小子转念一想,强龙难压地头蛇,这苏州比不得上海。于是他撇撇嘴,阴阳怪气地说:"黄金荣?麻皮脸,你长得真有创意,活得真有勇气!"

众流氓也附和着:

"嘿,快瞧那麻皮脸,跟雹子打过似的。"

"哟,猛地一看长得挺磕碜,仔细一看还不如猛地一看!"

黄金荣的麻脸抽动了一下,要发飙了!他刷地从袖子里拽出单刀,"上!"一声喝令,楼上几个伙计随他一同扑向这群小子。打打杀杀,黄金荣可是行家里手,不一会就把这帮孙子打得屁滚尿流,流氓头被几个手下架着没命地逃走了。

黄金荣把刀上的血污擦了擦,霸气地说:"跟老子拽,你先去买副棺材吧!"

这一仗之后,天宫戏馆再无宁日,不是听客被打,就是有人闹场,一个女戏子还被毁了脸。尽管黄金荣早有准备,但还是感到力不从心。

正在黄金荣发愁的时候,福生及时提醒:"大哥,你何不找马之龙说说?"

"对呀!"黄金荣一拍脑袋。

马之龙是黄金荣刚当上捕快时的朋友,后来一直在苏州当差,这么多年混下来,在这些地痞中说句话应该掷地有声。

第二天,黄金荣拿了礼品去拜望马之龙。

马之龙热情地将黄金荣请进屋,刚坐下就进来一妇人,虽然相貌一般,但眉宇间透着一股英气。黄金荣什么样的美人没见过,对她自然不会多加注意。

那妇人一笑道:"我听丫头说有客到,特地过来看看是何方神圣。"

马之龙连忙介绍说:"这是内子桂生,啊,桂生,这是我的老友黄金荣!"

"嫂夫人好!"黄金荣一拱手。

"不敢不敢,黄先生大名,我早有耳闻了。"林桂生还礼道。

马之龙端起茶杯道:"阔别多年,黄兄别来无恙啊?"

"嗨,人生无常,世事多变啊!"黄金荣打着哈哈。

"黄家兄弟,别扯些用不着的,有事直接奔主题,不要拿你的无聊,挑战我的黑名单!"林桂生不想和他玩弯弯绕。

"嫂子是痛快人,小弟今日登门实有一事相求。"黄金荣心下暗想,早听说马之龙有个给力的内当家,看起来没有虚说啊。

黄金荣继续道:"兄弟在天宫戏馆看场子,得罪了一群地头蛇,成天来捣乱,影响了生意,不知大哥能不能替小弟出个头?"

说出这些话,黄金荣心里并没有十分的把握,毕竟他是了解马之龙的。这个男人论胆识还不及妇人,轻易不肯管闲事,即使有时候路见不平一声吼,但吼完继续往前走。

果然,马之龙沉默了许久,说:"这,这个,这个嘛,我……"

"黄家兄弟,之龙虽是个捕快,却不是道上的人。"不等马之龙推托,林桂生接过话头:"不过,这年月朋友间帮扯着,路子也就越踏越宽。我想之龙拉兄弟你一把，咱们把情谊处下，日后也有个照应不是?"

黄金荣看出林桂生是作得主的，忙说："嫂子说得对，我黄金荣讲的是义气，马大哥自然也是这样!"

马之龙刚要开口，林桂生抢着说："黄家兄弟，你放一百个心，之龙的面子还是卖得动的，你就瞧好吧!"

黄金荣大喜道："那就多谢大哥、大嫂了!"

黄金荣心满意足地离开了马家，一路上脑海里浮想联翩。女人堆里混过的他还是生平第一次见识这样的奇女子，"林桂生"三个字就此深深存在了他的脑海里。

刚进刘宅，迎面福生跑出来，正撞个满怀，黄金荣似乎浑然不觉，喃喃道："这个女人不寻常!"

3、鲜花插在牛粪上

清晨，黄金荣一骨碌从床上爬起来，惊醒了身旁的女戏子海棠红。

"哟，干吗呀，还早着呢!"海棠红嗲声嗲气地数落着。

"就会死懒，今儿个还上戏呢，赶紧穿衣裳!"黄金荣骂着，狠踹了海棠红一脚，海棠红大气也不敢出，忙不迭地穿衣裳。黄

金荣狠瞪了她一眼,到外屋去洗漱。

这些年,有多少女人跟过黄金荣,黄金荣自己也说不清。因为他不喜欢只和一个女人上很多次床,而是喜欢和很多女人只上一次床。

吃过早点,黄金荣来到戏馆,福生迎了上来:"大哥,你来了!"

黄金荣按按福生的肩膀,没作声。当初自己在上海跌了跟头,丢了官职,落魄之时是福生这个小伙伴跟着他来到苏州,"患难见真情",对福生黄金荣是打心眼里信任和喜欢的。

黄金荣落了座,台子上已经开始唱戏了,黄金荣看着海棠红那俏生生的扮相,回想起昨晚她在床上的浪叫,嘴角掠过一丝微笑。

几出戏过后,一群痞子挤进场来,黄金荣警惕地握紧了拳头,转身给福生使了个眼色,福生忙下楼去招呼。

这群痞子找了座位坐下,喝着茶水,嗑着瓜子。出乎意料的是,他们没有闹场反而大把掏钱买茶,带头鼓掌叫好,全然一副捧场的模样。黄金荣在楼上把一切都看在眼里,心想:看来,马之龙那有行动了。

为了答谢马之龙,黄金荣再次去马宅拜访,与上次不同的是,这次他带了福生同去。

走进堂屋,黄金荣双手捧上厚礼,一拱到地:"小弟多谢大哥暗中相助,这点薄礼聊表心意。"

"客气了,客气了。"马之龙将黄金荣让进座位,"这次的事儿就结了,不过,兄弟,我毕竟不是混江湖的,还是靠吃官饭过活,大哥我不太想插手太多是非,以后……"

"以后什么呀?"马之龙正说着,林桂生走了进来。

黄金荣连忙起身行礼:"嫂子!"

"怎么样金荣,那帮混子不敢讨扰了吧?"林桂生不理马之龙,径自坐了。

"蒙大哥大嫂关照,平安无事!"黄金荣答着,眼睛始终没离开那张素净的脸。

"嗯,那就好,金荣,你放心,有你马哥在,看哪个兔崽子敢支毛?"林桂生咬咬牙,继而又笑着说:"其实,有些事也用不着劳动你马哥,我林桂生在这苏州城也是能卖几个面子的!"

"是啊,嫂子是女汉子,别说几个面子,想必动动这苏州城,也不费力气!"黄金荣逢迎着。

"哟,兄弟这嘴巴比蜜糖还甜哪!我只不过是个妇道人家,一切还不是靠你大哥撑着台面?"说着,林桂生瞟了一眼马之龙。马之龙脸上红一阵白一阵,半晌无言,自顾自地喝茶,在林桂生面前,他总是个配角。

"金荣,你们哥们难得聚一回,今儿个我亲自下厨,你们哥们喝两盅,叙叙旧!"林桂生继续道。

"妥了!"黄金荣欣然答应。

酒饭过后,黄金荣和福生离开马宅往刘家赶。

"福生,你看马之龙的女人怎么样?"黄金荣突然问。

"她?是个女汉子,就是……"福生搔搔脑皮,继续道:"就是没个娘儿们样,模样也太淡了点。"

黄金荣不屑地哼了一声，说："你懂什么，她可不是个一般的女人！少女诚可贵，少妇价更高，若有女汉子，二者皆可抛！"

"怎么，大哥口味这么重？"福生被雷到了。

"不求门当户对，只求感觉到位。林桂生是块宝，可惜呀，'一朵鲜花插在牛粪上'，便宜了马之龙这个软蛋！"黄金荣喃喃自语。

"大哥，我看这林桂生还抵不上海棠红一个指头，又有老公，你可别是玩女人玩昏了头吧！"福生觉得黄金荣的脑子进水了。

"有老公又怎么样呢？有守门员，球还不是照样进。只要锄头舞的好，哪有墙角挖不倒！"黄金荣说。

福生看着黄金荣说："大哥，你真想要她，小弟愿意帮你谋划！即使她已名花有主，我也要移花接木。"

这天正午时分，火辣辣的太阳犹如一个光着屁股的猴子，让人不忍直视。天宫戏馆里正上演京剧《霸王别姬》，大概是天太热，连叱咤风云的"霸王"也显得有些怂。黄金荣坐在楼上直打盹，福生人前人后地忙着，吩咐伙计在台前正中添了一张桌子，又摆上各色点心、水果、瓜子等。

黄金荣伸了个懒腰，站起身来，一眼瞥见台前那张摆得极其丰盛的桌子，忙派人叫来福生问话。

"福生，那张桌子给谁预备的？有贵客来，我怎么不知道？"

"噢，大哥，是有贵客要来，等到下午你就知道是谁了！"福生笑着说。

黄金荣看出福生的笑容里有内容，摆出一副很不高兴的样子说:"卖什么关子,快说是哪路神仙?"

福生见瞒不住了,低声说:"小弟听人说林桂生是个戏迷,就瞒着你下了帖子,本想……"

"好小子!"不等福生说完,黄金荣擂了福生一拳,脸上挂上了笑容,接着咚咚跑下楼去。

4、硬把红杏拽出墙

下午,两个俊俏的丫头拥着林桂生向天宫戏馆走来。黄金荣早在门口等候多时了,刚瞥见林桂生的人影,黄金荣就大老远地迎了上去。

"嫂子,小弟恭候多时了!"

"哟,我这么大的面子啊,竟劳动黄管事大驾了!"林桂生谈笑风生,整个一女汉子做派。

"哪里话,小弟知道嫂子爱惜我,小弟也敬重嫂子,今儿个下午演《霸王别姬》,特地让嫂子听听新!"黄金荣愿意和林桂生你来我往地闲扯,因为那常常令他有种"棋逢对手,将遇良才"的满足感。

林桂生随黄金荣进了戏馆落了座,看见一桌子的丰盛食品,心里暗暗感叹:他实在太有爱了!

戏唱得不错,场子里时不时爆出叫好声。黄金荣心不在戏上,坐在林桂生旁边间或插几句评价以勾起林桂生的话头。

"一个男人,没个好女人难成气数啊,假如虞姬是个像吕后一样有心计的女人,也许项羽就不会饮恨乌江了。"黄金荣似乎有感而发,见林桂生没吭声,他继续说:"马大哥若是没有嫂子这样的奇女子帮扯,也不会有今天!"

"兄弟身后的好女人能不能让嫂子见识一下呢?"林桂生把目光移向黄金荣。

"就是因为没有这样一个女人,小弟才有今天的落魄!"黄金荣的嘴角浮起一缕苦涩,望着那张素净的脸说,"还是马大哥有造化啊,能娶到嫂子。"

"谁没个苦衷呢,你马哥行事太过谨慎,我却是个火暴脾气,于他并不觉得是幸事,反倒视我为夜叉呢!"不知出于什么原因,林桂生吐出了心里话。

"天涯何处无牛粪,何必单恋一坨屎。如果我有嫂子这样的女人,高兴还来不及呢!"黄金荣此话一出,顿觉后悔,忙看林桂生的神色。

"男子汉大丈夫不必为姻缘烦心,嫂子我替你物色着!"林桂生毕竟见过世面,避过黄金荣的话锋,既不失体面,又保全了黄金荣的面子。

黄金荣十分后悔刚才的失言,不敢再往下说,自顾自地喝茶看戏。可是,林桂生的心里却不能平静了。

林桂生虽说只有中等之姿,但却有着男人一样的胸襟,是个彪悍的娘们。她自幼不娇揉、不造作、不发嗲、不懦弱,怎么骄傲怎么活,后来遵从母命招了马捕快作上门女婿。一个心高气傲的女人守着一个胸无大志的男人,精神世界是极度空虚的。尽管身为人妇,林桂生的脑海里仍时时在勾勒一个型男的形象,而眼前的黄金荣不正是这样一个男人吗?在林桂生眼里,黄金荣其实很帅,只是帅得不明显。

好不容易挨到戏完,黄金荣送林桂生回去。两个人的心里似长了乱草一般混乱。最终,黄金荣打破了沉寂:"嫂子爱听戏,也懂戏,今后就常来戏馆吧,这也是小弟能为嫂子效劳的机会啊!"

"兄弟客气了,我以后会常来的!"得了林桂生这样的答复,黄金荣觉得希望升起来了。

林桂生没有食言,她从此成了天宫戏馆的常客。而每次林桂生一到,黄金荣就是当然的陪客。他就像是小火苗,无论如何也要把林桂生这根湿柴点燃。干柴遇烈火,那叫明骚;湿柴遇小火苗,那才是闷骚。

这天,林桂生请黄金荣过去吃饭,原来,马之龙到外地办案去了。少了马之龙这个碍眼的,两人推杯换盏,兴高采烈地聊着。几杯酒下肚,林桂生的脸颊上泛起了潮红。

"金荣,你来苏州的日子也不短了,干吗不自个儿开个戏馆,何必给刘正康看家呢?"

"嫂子说得太容易了,我早有这个想法,可是没门路啊!"黄金荣说罢一仰脖,一杯酒下了肚。

林桂生嘿嘿一笑说:"金荣,我早就给你蹚开路子了!永昌戏馆的老板死了,他老婆想把戏馆卖了换现钱,我已经把价钱谈妥。我呢，存了些私房钱，你先拿去应急，等你赚了钱，再还我。"

"嫂子，你让我如何谢你呢？"黄金荣真是感激得不知如何是好了。

"可是……可是我……"黄金荣支吾着。

"你担心刘正康看你翅膀硬了要高飞，会卡你，是不？"林桂生说。

"嫂子，你都快成我肚子里的蛔虫了。"黄金荣笑着说。

"这个，你也放心，之龙虽然胆小怕事，但也是堵很好的挡风墙！"

"嫂子想得太周到了，我服了！"

"哈哈！"林桂生朗声大笑，继而神情凝重地说："你叫我一声'桂生'吧！"

"桂生！"黄金荣直直地望着林桂生，从心底发出了呼唤！

"哎！"林桂生答应了一声，不知为什么，这个奇女子的眼里闪动着泪花。

这一夜，黄金荣没走，在他的一再引诱下，林桂生终于红杏出墙了。

第二天，辛苦耕耘了一夜的黄金荣，腿软了。林桂生更惨，下不了床了，只好坐在床头梳理头发。黄金荣睁开眼睛看林桂生的背影，关切地问："怎么这么早就起了，再多睡会儿吧！"

林桂生没答话，沉默了一阵子后说："我是个结了婚的女人，作了这样的事，也不预备再要什么脸面。你别作个负心人，枉费了我这一片心。"

黄金荣信誓旦旦地说："我黄金荣是有过许多女人，但老婆只有一个,就是你林桂生!有一天我要是负了你,也就是我气数已尽的时候。"

5、黄小三成功上位

两天后,也就是马之龙回苏州的前一天,黄金荣正式接管了永昌戏馆,改名"共和戏馆"。刘正康不是吃白饭的,自然不会坐视黄金荣跟他争生意,但想到共和戏馆还有马捕快的股份,不敢得罪官家,只能忍气吞声。黄金荣经营有方,加之林桂生暗中帮衬,共和戏馆一派繁荣景象,逐渐超过了天宫戏馆,成为当地首屈一指的戏馆。

随着共和戏馆的走向繁荣,黄金荣、林桂生的感情也逐渐走向成熟。那一夜风流之后,情场老手黄金荣将全部心意转到林桂生的身上。可是,马之龙似乎在无形中成了一道难以逾越的障碍,偷偷摸摸的时光把性子火暴的黄金荣、林桂生折磨得筋疲力尽。

这天黄昏,林桂生看过戏同黄金荣走在回家的路上。

"阿黄,在苏州你也算站住脚了,我不想再这么混下去了,我们结婚吧!""阿黄"是林桂生对黄金荣的昵称,虽然并不比"旺财"好听多少,但人家就是喜欢这个调调!

"太好了,我早就想把你明媒正娶了,一天不结婚我这心就突突一天。"黄金荣恳切地说，"姓马的知道我们的事吧?"

"嗯，别看他是个软蛋，看老婆却很有一套，他什么不知道!"林桂生愤愤地说。

"那就跟他明讲! 量他这个软蛋也不敢怎样!"

"他心眼儿有些小，但是不缺;脾气很好，但不是没有! 我们如果在苏州过日子，只怕不会痛快!"林桂生毕竟想得周全。

黄金荣想了想说："那你先跟他分开，结婚的事过一段再说。"

林桂生没作声，只轻轻叹了口气，一路无话回到家中。

书房里，马之龙心烦意乱，老婆林桂生和黄金荣扯犊子的事他回来后就知道了。

"黄金荣这个人面兽心的玩意儿，老子帮了他的忙，他却偷我的老婆!"马之龙心里暗骂，想到林桂生他更是恨得牙根痒痒。自从娶了这么个夜叉，他哪天过得像个男人? 家里家外的事她都插手，根本不把自己放在眼里。要不是打不过她，自己早就和她翻脸了! 这还不算，现在她竟背着自己和黄金荣这个男小三风流，真是该杀啊!

马之龙越想越气，大步流星地向卧房走去，咣——地一声推开了门。

林桂生一惊，眼睛瞪着马之龙说："吃枪药了?"

"你这个婊子! 敢给老子戴绿帽子!"马之龙眼里直喷火。

"姓马的，不要把我对你的容忍，当成不要脸的资本! 我能招了你就能把你撵出去!"林桂生此言一出，马之龙顿时像泄了气的皮球儿，没了声息。

"姓马的，没有林家能有你的今天？我真的不愿意用脚趾头鄙视你，但是，是你逼我这么做的！"林桂生双手掐在腰间，柳眉倒竖，杏眼圆睁。

"鄙视我的人这么多，你算老几？"马之龙气得话都不会说了。

"呸！你给我滚，马不停蹄的滚……"

马之龙啪地一巴掌打翻了桌子上的花瓶，冲出门去，心说：谁是谁的老公？都是临时工！我祝你和黄小三鸳鸯戏水，都他妈淹死；比翼双飞，都他妈摔死！

第二天，马之龙被逐的消息传遍了苏州城，大妈们在街头巷尾议论纷纷。

时光如电，转眼马之龙被逐已经三个多月了。尽管马之龙走后，黄小三、林桂生更加明目张胆，俨然是一对小夫妻，但始终未提婚嫁之事。

这天早晨，黄小三刚刚起床，丫头送来一封信。黄小三拆开信封匆匆看了一遍，一丝笑容浮过他的嘴角。

"什么好消息？"林桂生坐直了身子。

"那群混账法国佬想让我回去！"黄小三摸着那张麻皮脸，高兴得在地上来回走。

"他们让你走你就走，让你回你就回，你可太贱了！"林桂生扭动腰肢，慢悠悠地说。

"对，你说得对，老子不能这么贱！"黄小三停住了脚步，把手里的信撕得粉碎！

当初，法租界巡捕房将黄小三一脚踢开，半点犹豫都没有，黄小三一走,他们才意识到犯了一个多么大的错误。租界是个避风港,又是十分繁华的地方,多少人削尖了脑袋往里挤,仅仅两年工夫,租界人口一下子增加了好几万。人多是非就多,租界里的案子与日俱增,加上郑家木桥那群小瘪三对租界大肆抢劫,一时间,租界乱成一锅粥。总监在焦头烂额之际,想起了昔日的得意干将——黄大探长。连忙写信殷切要求黄小三回上海整理"河山"。

其实,自打离开上海的那一天起,黄小三无时无刻不在想着重回上海,虽然在苏州也混得有模有样,到底比不上大上海那花花世界。可是,一想到当初如同丧家犬一般的狼狈相,黄小三就来气。

三天之后,黄小三接到了法租界巡捕房的第二封信。晚上,林桂生躺在被窝里对黄小三说:"'人有脸,树有皮',现在绝不能回去,就算回去,也不能这么简单就算了。机会就像秃子头上一根毛,你抓住就抓住了,抓不住就没了。"

"嗯,你有什么想法?"黄小三抚摸着林桂生的身体问。

林桂生提出,如果要他回巡捕房,法租界巡捕房必须给予相应的权力。否则,他在苏州混得很好,没有必要回去受气。

黄小三觉得林桂生说的有道理,就给巡捕房总监回了一封信,趁机提出了种种条件。

五天后,第三封信来了,也带来了总监答复的几条优惠意见。这几条是:1.官复原职;2.在职务薪金以外,另加薪水;3.黄小三在法租界办案,法国人不再过多干预;4.黄小三可以巡捕房华捕的身份,在法租界开设戏院,安置苏州共和戏馆全部人马;5.黄小三回巡捕房后,对以前发生的大案,只追赃而不抓人;6.

黄小三的华捕职业为终身制，一直干到退休，巡捕房不得辞退。

黄小三看到自己所提的条件，总监都已经答应；而且，巡捕房三次来信请他，虽不能同三国时期刘备三顾茅庐请诸葛亮相比，却也能表示他们的诚意。于是，他找来福生吩咐他准备行装，该是回上海的时候了！

一个星期后，黄小三、林桂生、福生登上了驶往上海的小船。

6、我黄金荣又回来了

黄金荣到巡捕房报到之后很快官复原职，各种福利也长了几长，他有种春风得意的感觉：我终于又回来了！林桂生在法租界和南市交界处的老北门外护城河旁，买了一幢房子，又精心购置了一套家具，安排好了他们的家。

处理完这些琐事，黄金荣陪着林桂生秀恩爱，逛起大上海有名的十里洋场来。十里洋场在黄浦江以西，海鲜、山货、洋货等等商店、商行一个接一个。放眼看去，做不完的生意，卖不尽的货物、商品。

眨眼工夫，日头斜西，黄金荣、林桂生走累了，在一棵参天古柏下休息。

"我才知道什么叫做'花花世界'，要是能在这样的地方住到死，也算没白活啊！"林桂生轻轻地说。

"要是光住一辈子也太不值了。当年老子作裱画的小徒弟，眼睁睁看着这花花世界，就是享受不到，过的是地狱一样的日子。老子指天发誓，早晚有一天我站在黄浦江头，吐唾沫就是钉子，动动脚十里洋场颤一颤！"黄金荣狠狠地说。

"阿黄，虽然理想很丰满，现实很骨感，但我愿意与你携手，在上海滩闯出一片天地！"这一刻林桂生感觉自己的阿黄实在是帅呆了，酷毙了，简直都没法比喻了。

几天后，黄金荣、林桂生把婚事办了。

林桂生已是二次结婚了，没有再搞什么轰轰烈烈的婚礼仪式，另外黄金荣刚刚回上海，也不便太张扬了。于是他们准备了一桌酒菜，熄了灯，点上高高的红烛，两人拿起酒杯，互敬对饮。然后，二人激动地抱在一起……

结婚之后，黄金荣如鱼得水，他很快召集他的黑社会旧部人马——那群郑家木桥的流氓小瘪三。他要利用这支力量，在上海滩形成一股强大的势力。黄金荣让林桂生直接领导郑家木桥小瘪三，林桂生聪明过人，又极明事理，被众兄弟们尊为"桂生姐"。在林桂生的调教下，郑家木桥这群小瘪三成了黄金荣的一支秘密部队，他们打探财路，大干抢劫、盗窃、敲诈勒索的勾当，为黄金荣聚敛了不少财富。与此同时，黄金荣先后解决掉几桩大案，法租界治安有所好转，法国人觉得这小子还真有两把刷子。

这天下午3点半，法租界黄公馆的客厅里，黄麻皮西装革履，粗黑的脖子上还打着个玫瑰红的领结，端坐在沙发上听一个小后生讲课。

平日穿惯了湘云拷绸衫的黄金荣,今天要改穿洋装,实在是受洋罪,似乎举手投足都不自然。黄麻皮从小就有自己的坐相,不管是凳子、椅子还是沙发,他都是盘起一条腿,将脚脖子搁在另一条腿的大腿上,一只大粗手托住后脑勺。说话的时候,总爱将另一只手的大拇指,向身子侧面不住地晃动。

这一副架势,在当时的上海滩是十分标准的"大亨造型"。

但是,黄金荣今天却不得不改一改自己的坐相,而且还得穿洋衣、学洋礼,那是因为早上收到巡捕房警务总监石维也的请帖,说八国联军攻下天津,石维也总监要开宴会庆祝。

送帖子的人临走时,还转达了石维也总监的话:"石总监关照,今晚出席宴会的有法国领事、公董局的总办等头面人物,席面上全用刀叉吃西菜,你也要穿西装。"

石总监是黄麻皮的顶头上司,他的话得百分之百地贯彻执行。于是,黄金荣找来了一个小买办,教自己如何穿洋衣、吃洋饭、行洋礼。

一切收拾好以后,黄金荣挽着林桂生坐车来到工部局宴会厅。祝过词,碰过杯,讲过话之后,舞会开始了。

当爵士音乐响起来时,一群珠光宝气的艳装妇人,在暗淡的光线下,开始被一群老爷们搂着扭来扭去。黄金荣和林桂生由于都不会这种"蓬嚓嚓",只有坐在角落里当起观众来。

几曲舞之后,黄金荣有些打瞌睡了,尽管林桂生不断提醒他,这样不太礼貌,但他还是呵欠不断。

突然,一阵热烈的音乐响起,从舞池两侧冲出来三十个奇装裸女，随着音乐的节奏踢着精光的大腿。每一个人都被打扮成一朵水汪汪的花，她们的腿都抖颤得好像花瓣里花蕊似的。

这些蹦来跳去的舞女全都有一张艳丽动人的笑脸，她们好像被一阵狂风吹着，在舞池里荡来飘去，把男人的目光全部吸引过来了。黄金荣也不由得站了起来，咧着大嘴，身子不时晃动着，不断叫"好"。

林桂生看到黄麻皮如此粗俗，正要劝阻时，一个男仆来到黄金荣面前，小声嘀咕了几句。黄金荣听后，便对桂生说："你先在这坐一下，我有点事。"

林桂生独自儿看了一会跳舞，有些心烦了。夜半时分，有仆人来传话："太太，黄先生说您得自个儿回家了，汽车等在门口。"

"那，他呢？"

"刚才被石维也总监叫去了，说有急事要办。"

林桂生只得起身，回家去了。

7、凶杀案背后的猫腻

其实，石维也总监叫黄金荣确实有事，原来法租界杜美路94号法国人住宅内，发生了一起凶杀案！

黄金荣不敢怠慢，马上赶了过去。两名法籍探长已在那里开始工作了，几名法医、巡捕也在忙碌着，又是取证，又是记录。

黄金荣走进卧室，见床上躺着一个中年妇女，左胸上插了把尖刀，身上淌出的血把被褥染得通红。房间里东西摆放有序，毫无零乱之感，黄金荣皱起了眉头。

法医走过来，神色凝重地说："三个小时前死的，刀子刺得很深，应该是一位极其老练的男子干的，刀柄上的手印是男主人的。"

黄金荣点点头，招手叫过来这家的女仆。

"你怎么发现她死了的？"

女仆早已吓得魂不附体，听黄金荣这么一问，语无伦次地说："我去送夜宵，叫了几声女主人，女主人不答应，我上前看见她死了！"

黄金荣一挥手，上来两个巡捕把女仆带下去录口供。

黄金荣看完杀人现场回到家已是凌晨三点了，林桂生已经睡觉。他也没有心思再回到那女人的床上，便踱进浴室，脱得精光，全身泡在浴缸里，沉思起来。

他知道，自己在舞场是出不了风头了，林桂生更不行。那婆娘腰粗得像柏油桶，哪个洋人敢搂？自己能出风头露一手的，就是探案子。

"对！"黄金荣从浴缸中坐起来，情不自禁地说出声来，"要是这案子被老子探出来，就可以压倒两个高鼻子探长，就可以风光一下。"

黄金荣擦干身子，穿上衣服，通知司机，来到了姘头阿巧的闺房，胡乱地折腾了一通。不一会，他手下养着的五六个眼线来了。

黄金荣布置道:"他娘的,事情出在法租界,打探网要拉开,犄角旮旯都不能放过,他能飞出上海滩?"

"那人手不够呀!"趁黄麻皮伸手抠脚丫子停止说话的功夫,一个包打探惴惴地咕噜了一句。

"人手不够?他娘的一群瘪三干什么去了?让各租界的白相人都去打听打听,打听到有重赏!"

黄金荣的拿手好戏就是"发动群众",现在他再次提醒手下人,要会运用这个法宝。

一个星期过去了,案子毫无线索,两个洋探长耸耸肩,摇摆手,只有叹气的份了。黄金荣却得到一个线索:

一个白相人在英租界发现凶手与一个地址有联系,并打探到这个地址住着一位女人,没有结过婚,却有一个女儿,已经十八岁了,在一家洋行当打字员。

黄金荣顺藤摸瓜找到那个姑娘,连唬带吓,毫无社会经验的小姑娘说出了实情。

"我父亲和母亲在一起有20年了,父亲是个英国间谍,他家里的那个女人是法国情报局的。几天前,我父亲弄到了慈禧太后给李鸿章密旨的抄本,被家里那个女人看见了,两人吵了起来!"

"那他现在在哪儿?"黄金荣问。

"他和我娘去天津了"。

事情终于水落石出了:两个间谍为了一份中国皇宫的绝密军事情报,争夺起来,最后男的杀了正妻,携外室逃跑了。

当黄金荣把结果告知总监,他喜形于色,连叫"哦了"。接着,总监又交给他一个艰巨的任务:打探李鸿章奏折的内容和慈禧的密令。听了翻译的转达,黄金荣脸上登时没了笑容,这的确是个艰巨的任务。在厕所里蹲了无数个臭不可闻的日夜后,黄金荣终于想出了一个法子:找陈世昌。

陈世昌早已不是当年的"签子福生"了,摇身一变,成了上海码头的青帮头子,也算得上个人物了。"酒逢知己千杯少",直喝得两个人都有些飘飘然了,黄金荣才甩出了关键的话。

"大哥,清宫里的事儿你能伸得了手吗?"

"我你还不知道,什么我伸不了手?我手下有个人,是太监的亲戚,有什么事你就直说吧!"

黄金荣到陈世昌的耳边嘀咕了一阵,陈世昌拍拍胸脯:"这都不叫事儿!"

陈世昌坐车走了以后,黄金荣踌躇满志,连平日最迷人的姘头阿巧嗲声嗲气地催他上床,也无动于衷。他深深感到,大丈夫要想闯出更大的局面,像以前小打小闹的做法,已经过时了。

他换上睡衣,趿着拖鞋,站在窗口,看着那滚滚的黄浦江水,眼前浮现出自己将要完成的"大业":将巡捕房的"正俗股"、"强盗股"、"查缉股"以及法租界的赌窟,全部划到自己手里,让全上海滩的人都抬头看他。

"正俗股",那是专门管理妓女的部门,那是块肥肉,黄金荣决心独吞下来,让法租界所有红灯区都姓黄。

"强盗股",专门对付抢劫、绑架、强盗、窃贼的,麻皮觉得这儿油水也特别足,可以既吃原告又吃被告,让两方都拿钱通路子。肥水不流外人田,这一揽子的事一定要把它"搞定"。

"查缉股",是查办鸦片走私的,这更是往外冒油的好差使,要钱有钱,要"土"有"土"。只要抓过来,就可以垄断法租界的烟土买卖。

还有,法租界里的赌窟这几年一直在黄金荣的控制下,当然不能容忍以后跟别人姓。

"要是嫖、赌、烟、盗这四大'财神爷'都能请得到的话,那老子就能成为名副其实的大亨了。老子不是有钱人的后代,但是老子要做有钱人的祖宗!"黄金荣想着想着,禁不住笑出声来。

8、心不狠,站不稳

第二天上午,黄金荣才从美梦中醒来,透过罗纱帐往外观瞧,昨晚搂着的尤物正站在穿衣镜前梳着那瀑布一般的秀发。

这尤物赤裸着身子,一丝不挂,身材修长而丰满,浑身曲线分明。随着梳子一上一下地划动,她的身子一扭一扭的,真是一个少有的大美人。

黄金荣摸了摸自己的麻脸,心中涌出无比的自豪:虽然老子一脸狗屎麻子,但这些美女照睡,大姑娘、小媳妇想找谁就找谁,神仙又能怎么样?

那尤物从镜子里看到床上有动静，便转过身来，脆生生地说："醒了？"

黄金荣点点头，发话给尤物，通知骆振忠、顾玉书、朱顺林、何国梁等人明天下午1点到黄公馆听候吩咐。这几个人是都是上海滩职业白相人，如今正要用用他们。

这天傍晚，黄金荣在客厅里接见一个人。那人从裤腰筒里取出一沓卷成长条的白纸，双手递过来。

黄金荣接过来，见上面写满了密密麻麻的毛笔字。

"有没有抄漏的？"

"不会漏。东西拿来后，我叫表弟照着抄，他抄好后，我又核对了一遍才拿来。"

"你表弟是什么人？"黄金荣一听到这东西还经过几个人手，神经顿时一紧，截断了对方的话。

对方听了一惊，迟疑了一下，但马上明白过来，介绍起表弟来："我表弟是上海县衙门签押房里的录事，写得一手颜体字。我是花了大价钱买到这个宝贝的。"

对方把"买"字拉得很长，麻皮也会意地点点头，他理解这拉长声调的含义。

"事情办得漂亮！我心里有数！先拿30块大洋，回去向世昌哥打个招呼，对他说事情已办妥，过几天我去当面谢他。明天夜里，你和你表弟到宝山路功德坊十七号领赏，我再给你们100块。不要忘记，功德坊十七号。"

说着，黄金荣衣袋里掏出一张30元大洋的钱庄银票，递给对方。对方何止是见钱眼开啊，他见钱菊花儿都开了，不能叫

开,那简直就是怒放。

黄金荣目送来人出客厅门,心想:这种事情两个人知道就不得了了,现在已有三、四个人牵扯在里面,不妙!江湖三定律是要么忍、要么狠、要么滚,心不狠则站不稳,对办理此事的人绝不能轻易放过!

黄金荣暗下决心,遂即把此事交给了朱顺林、顾玉书去办理。他抓起沙发上的奏折抄本,往后房去换衣服,把情报给自己的顶头上司石维也送去了。

这几天,黄金荣是踌躇满志,他弄到法国租界当局最需要的清朝军国机密,出尽了风头。法租界当局为了嘉奖麻皮,特地为他安排了假期。

这天,黄金荣躺在烟塌上,由姘妇为他点火烧烟泡。正当他抽得云天雾地之时,坐在过道上的跟班走了进来:"黄老板,顺林和玉书两人在客厅坐着,有事报告。"

黄金荣一听,知道事情可能办成了,便马上翻身下榻,说:"好,我就来。"

黄金荣跷腿坐在沙发上,面前站着两个穿黑衣黑裤的人,一个是朱顺林,另一个叫顾玉书。他们俩是最近才投到黄金荣门下的,黄金荣让他们办桩事,看看干得是否漂亮,而后再安排"工作"。

"那天夜里,领赏的人来了吗?"黄金荣把他们打量一番,问。

"来了。"

"来几个?"

"两个。"

"你们怎么招待的？"

"按老板的意思办的，打晕后装进麻袋，连夜用三轮车运到吴淞口，扔进了海里。"

"嗯，'脱手'还算干净。只是有两点漏洞，你们今后要注意！"黄金荣以教训的口气指出，"连夜拉出去不好，要是路上碰上巡捕或清兵巡逻检查，会带来麻烦的。为什么不弄一条小舢板，从河里运出去？麻袋扔到海里为什么不绑两块石头，万一飘上来呢？这些细节没有考虑好，弄不好事情就会露馅。"

"黄老板想得周到，以后我们一定小心。"这两个人不住地点头。

然后，他们便把原来商量好的打算提了出来："黄老板，你就收我们做徒弟吧！以后，你叫往东我们绝不往西，你让打狗我们绝不撵鸡。"

收徒弟的事，黄金荣不是没有考虑过，要在上海滩头摆开更大的局面，就要像小鸡鸡：一是从不外露炫耀成绩，二是关键时刻能够撑得起来，三是善于攻击对方又能够让其感到愉悦，四是既能制造摩擦又能使大家同感快乐，五是胜利后要谦恭地缩小自己。还有第六条——培育出优质的接班人，而要培育出优质的接班人就要广收门徒。只是前些日子一心巴结洋人，忠心为洋人卖力，帮会的事倒忽略了。现在经他们俩一提，黄金荣又想起了此事。

于是，黄金荣点点头说："收徒弟的事，老早就有人向我提过。前些日子太忙，还没有好好想过。今天你们两个先回去，替我想想在什么地方开堂好。"

朱顺林和顾玉书见有门儿,便恭恭敬敬地九十度一鞠躬,退出客厅。

9、霸占酒楼商议开堂

过了几天,顾玉书屁颠屁颠来了,他对黄金荣说:"老板,开堂的地点我们已经选好了。"

"在哪里?"

"十六铺的聚宝兴酒楼,上海滩最繁华的地带。"

"嗯,不错,那里小赌场、小烟馆、妓院一家接一家,是块风水宝地。你们打过招呼了?"

"还没有。"

"好,我抽时间去看看!"

这天,黄金荣来到聚宝兴,伙计赶忙笑脸相迎,给他捡了个最好的位置。黄金荣点了上好的龙井,优哉优哉地品起茶来!

过了一阵子,突然闯进一群流氓,话都不讲一句,见东西就砸,见人就打。老板傻了眼,拉着一个流氓的胳膊,鼻涕一把眼泪一把地哀求。突然,楼上飞下一张桌子,紧接着黄金荣从楼上冲了下来,朝天放了一枪,众流氓登时傻了眼。

"他娘的,这聚宝兴有老子一半股份,谁敢跟我黄某人过不去,老子掘他祖宗三辈!"黄金荣假戏真做,虎着一张麻皮脸,还真有演员的素养!

为首的一使眼色,众流氓一窝蜂似的逃走了。黄金荣冲着众流氓背影又放了几枪,这才收了神通。

老板跌跌撞撞地来到黄金荣跟前,扑通一声跪倒在地。

"不必客气。"黄金荣伸出双手将老板扶起,"不过,老子刚才的话可不是开玩笑的,我瞅着这'聚宝兴'不错,有意和你合作。"他说着掏出一张银票硬塞给老板。

"这,这个……"老板有些骑虎难下:这麻脸整个一妖孽,猴子又不替自己搬救兵,他是真心没办法!

"怎么,老子不配作个股东?"

"不不,这是哪里话,黄探长肯入股,我求之不得呢!只是这银票您收回去,股利我照付。"老板拍了个大马屁。

"哈哈!"黄金荣一下子就晕了,"老板爽快,但老子占不惯便宜,日后聚宝兴的治安我包了!"

这样,黄金荣白得了半座酒楼。他的那群喽啰们也因为表演出色,得了重赏。

又过了几个月,黄金荣要在酒楼商量开堂收徒弟的事。

当时中国的帮会主要有两个:青帮(即安青帮)与红帮(即洪门)。清末民初以来,上海成了青红两帮活动的大本营,帮徒众多,山头林立,杂乱无章。

黄金荣虽然在洋场里混了多年,但既没有加入青帮也没有加入红帮,照江湖上规矩,该叫做"空子"。按规矩,"空子"是没有资格开香堂收徒的,也不能收弟兄的。黄金荣想,难道自己这个有名气的探长现在去寻那些青、红帮小子入伙?这岂不是降低了自己的身份吗?能不能干脆不理青、红帮那一套,自成一体,自建码头呢?

黄金荣心里没底,于是就招来金九龄、程子卿、丁顺华和骆振忠等人,向他们讲了自己的想法。

程子卿是个直性子,没等黄金荣说完,便举双手赞成。他说:"娘的,要结帮就结我们自己的帮,何必看别人眼色行事!再说,青帮、红帮开始不也是和我们一个熊样。"

骆振忠此时却不同意程子卿的意见,他说:"结自己的帮也不是不可以,但是要师出有名,不然以后谁会相信我们呢?"

最后经过集体讨论,一致同意靠青帮,不结新帮。因为靠帮比自己结帮容易得多,同时也可以避免一些不必要的麻烦。

决定了靠青帮,黄金荣又犯难了。因为自己既然是靠帮,就不能没有老祖宗,奉谁为老祖宗呢?

黄金荣搔了几下头皮,忽然想起自己家客厅上方挂了一张关老爷的像。他两手一拍,说:"对,就以关羽为号召,奉关羽为老祖宗。"

第一个问题解决了,但第二个问题又接着来了。

论结帮,除了老祖宗之外,帮内还要讲究"辈分",因为黄金荣和徒弟总不能一个辈分吧。这也不能用青帮的辈分,因为自己是个"空子"。但究竟怎样排呢?黄金荣读书极少,3000常用字还认不全,于是他把这个"艰巨"任务交给门徒骆振忠。后来，骆振忠冥思苦想，捣鼓出"孝悌树人，正心吉祥"八辈。

接踵而至的第三件事又搅得黄金荣头疼，那就是"帮规"和开堂仪式。黄金荣懒得为这些麻烦事操心，干脆全部推给了骆振忠。

为了订"帮规"与开堂仪式，骆振忠直挠头皮，头上的毛都快薅干净了，也不得要领。及至第四天，黄金荣边笑边用食指点着他的脑壳说："脑袋空不要紧，关键是不要进水。这些破条款也要用这么多心思？"

"那怎么办？"

"老子教你一条捷径。去找个帮中人，请他撮一顿，给他点银子，向他打听打听他们的帮规和入帮仪式，你回来后再改换一下，不是就有了吗？"

骆振忠听了这一席话，顿开茅塞，左手一拍脑门，眉开眼笑地竖起大拇指直晃荡："探长这办法，高！真高！"

只花了两天时间，骆振忠便探清了青帮的规矩，并且连一套一套切口（暗语，又叫做"海底"）也烂熟于心。他又经过一整天的整理、改造、加工，便成了"黄帮"的家规家法。

其他的事情基本上都搞得差不多了，只有一样问题还没搞清楚，那就是"称呼"问题。因为青帮中人徒弟称师父为老头子，而黄金荣这个"空子"结帮，徒弟应该怎样称呼他呢？

骆振忠拍马屁说："我们也称老头子，再说我们的'老头子'比别人'老头子'还高一级呢！"

"怎么说？"黄金荣问道。

"我们的'老头子'有洋人撑腰，更何况，到现在为止，全国还没有三十三岁的'老头子'呢!"看到没有,光说好不行,一定要在后面加上理由。二者相辅相成,这拍马屁的境界一下子就上去了:响而不臭,让人回味无穷!

经骆振忠这么一说,黄金荣觉得这"老头子"这称呼十分珍贵,三十三岁就当"老头子",可见法力无穷。

诸事具备,只等"开堂"了。

三 敢折腾才能玩得转

听到"三十三岁的老头子"一句,黄金荣开心极了。他打听了好些人,不管青帮红帮,在帮内掌舵的人,历来都在四十五岁以上,三十来岁的人做"老头子",真可谓"年轻帮主"!上海是个国际城市,是远东第一大城市,要是在这么个大都会里统率起千军万马,在码头上一呼百应,那将是一种什么情形?用度娘的话说,那将是"中国第一帮主"的形象。

"这辈子就这样,我不怕别人说我是'空子',他娘的,我就是要做'中国第一帮主'!"从六国饭店出来,黄金荣在心里狠狠地说了一遍。

1、小瘪三当上江湖老大

1901年农历十一月一日的早晨,太阳刚刚跃出地平线,缕缕阳光穿透黎明的薄雾,直泻大地。苍生从沉睡中苏醒,开始又一轮新的传奇。晨曦中的聚宝兴茶楼显得更加巍峨,没了往日的喧闹,透出一股子庄严。

聚宝兴的正厅里,早已高悬了一张"关圣帝君"像,赤面长须的关圣帝君手持大刀,微睁双目注视着将要发生的一切。像前一张香案上,点着一副香烛,桌下又点着五支包头香。关帝像的两旁,挂着一副对联:

兄玄德,弟翼德,德兄德弟;

师卧龙,友子龙,龙师龙友。

香烟缭绕之中,几个人忙前忙后,聚宝兴将迎来一个特殊的日子——今天黄金荣将从昔日的一个小瘪三走上江湖老大的宝座。

开香堂大典时,按帮规凡是老头子的同辈人、同门兄弟都得到场,帮语称作"赶香堂"。赶香堂的人越多,老头子的面上越光彩。如果没有人赶香堂,那就说明老头子以后可能就要倒霉了。

黄金荣不是青帮中人，没有同辈，也没有同门兄弟，只得请了李休堂、陈世昌等杭州、上海等处的青帮头子，还有巡捕房的头头脑脑。一些英法租界里有名的老板，为了在生意上靠靠黄金荣的流氓牌子，也前来送礼道贺。

大约10点钟光景，黄金荣身穿蓝地儿青花儿缎长袍，外罩团花马褂，头戴红珠顶瓜皮帽，脚踏粉底黑直贡呢鞋子，小脸绽放得犹如一朵菊花般灿烂，从楼上下来。紧跟着他，一行队伍鱼贯而出：陈世昌、李休堂、林桂生等一个个锦装在身，容光焕发。黄金荣在居中的太师椅上坐下，陈世昌等分坐两旁。

刚刚坐定，充当赞礼的骆振忠清了清嗓子，高呼："启山门！"

话音刚落，茶楼的正厅大门吱呀一声打开，众门生手持红帖，由引见师带路，鱼贯进入大厅堂，纷纷跪倒在关公像的香案前，"嘣嘣嘣"磕了三个响头。接着，他们又给黄金荣磕了三个响头，再给陈世昌等也磕了三个响头。

这时，赞礼又喊："开香！"

众门生排成一条长龙，站在龙头的是陈三林，身后跟着的是金九龄、程子卿、马祥生、丁顺华、鲁锦臣、曾九如、朱顺林、顾玉书等一大串。

司香的执事把桌子下的包头香划开，分给每人一只，拿在手里。

赞礼又喊："下跪！"众人随声跪下。

这时，两个执事捧了清水盆过来给每个人清口。

一切完成之后，赞礼喊："启问！"

黄金荣的麻皮脸抽搐了一下，缓缓站起身来，然后提高了调门说："你们可是自愿入帮?"

众门生立即齐声回答："我们自愿入帮！"

黄金荣又问："帮规如铁，不得违犯，知道吗?"

"帮规如铁，不得违犯！"底下齐声说。

黄金荣的麻皮脸上掠过一丝笑意，望着下面黑压压跪倒的门徒，他感到有种唯我独尊的骄傲。他缓缓坐下，向骆振忠点头示意，骆振忠马上会意，喊道："收拜帖！"

两个执事端了两只红漆圆盘，把各人手中捧着的红帖收起。这红帖子上面写着"信守"两字，里面第一页写着"敬拜黄金荣老师门下"，左下方写着"自心情愿"四个字，而后是具名："某某门生谨具"。

帖子收完，骆振忠又喊："发折。"

几个执事向跪着的门生每人发一本小折子，折子里写着帮规以及各种"海底"盘问方法，也就是俗话说的黑话。

发完小折子，骆振忠喊道："礼成！"

门生们从地上爬起来，两旁人等纷纷上前道贺，贺黄金荣香火不断、码头发达。

开香仪式到此算结束，接下来是开宴。酒楼上下摆开酒席，一伙人大吃大喝起来。

杭州的青帮头子李休堂被请来赶香堂，表面上不住地点头称道，可是他心里头却暗暗好笑：黄金荣这个"空子"，把香堂开得不伦不类。他哪里知道，黄金荣今天开的香堂，既非青帮，又不是红帮，而是经过改革后的不青不红的"黄帮"香堂，地地道道的上海货。

黄金荣的麻脸上生着一对慧眼，在香堂大典上，他几眼便看穿了李休堂的心思，知道李休堂在耻笑"空子坐堂，不伦不类"。可他并不生气，觉得自己在江湖学上，的确还没有进入门槛，更谈不上登堂入室了。这人还有一个好脾气，他不会的肯向别人求教，当然，更多的时候是硬充内行装好汉。

这会儿的黄金荣真是春风得意，想自己年仅三十三岁，便拉起了这样一支队伍，成为上海江湖极有势力的"老头子"，是何等威风啊！可他又想到今后要扩展码头，打出更大的天下，靠硬干瞎撞不行，还得虚心向高手请教，才能弄清游戏规则。

想到这里，黄金荣决定当晚便到六国饭店去拜访李休堂。

2、屈尊拜访探青帮内幕

晚上，黄金荣写了一个拜帖，包了两根金条，不坐车也不带随从，只身步行到李休堂下榻的六国饭店 305 房间。

进门一见面，黄金荣便把大红拜帖双手奉呈。李休堂接帖子在手，把黄金荣让到房内，请他上座。黄不肯坐，要李先看帖子。李休堂只得打开帖子看了一遍，见上面写着"晚生黄金荣叩"，便直摇手道："使不得，使不得，你我兄弟，怎么称起师父与门生来？不行的，万万不行的。"

他说着硬递还拜帖，黄金荣双手推回，并从口袋里掏出包有两根金条的纸包，恭恭敬敬地放在桌上，恳切地说："你也晓得，我是巡捕房做包打探的，虽说做了探长，但也只会探案子捉捉人，别的事一点不懂。前些日子，我手下几个要好的劝我结个帮，在上海滩头拉支队伍。几个人一起哄，便开了香堂，推我坐'老头子'交椅。说句良心话，我对青帮到底是怎么回事，还真是一窍不通。想来想去，你是帮里人，是老前辈，我们两个还是浙江同乡，我今天是诚心诚意地拜你为师。这两根条子，就作为我拜师的进门礼吧。"

这一席话，可以算得上是肺腑之言。李休堂也觉得这些话不是虚套，但他是个乖角，明白黄金荣拜师的目的。此人根本不在乎在帮与辈分，只在乎帮会内部一整套活动控制，以及使码头不断兴旺发达的门道和路子。黄金荣是对他有所求的，才这么屈尊拜访，而且还来个大出手——送两根黄灿灿的条子。再说，照帮内规矩，拜师也不是这个拜法呀。

想到这里，李休堂笑了笑，"语重心长"地说："黄老板不必客气，你我同乡好友，你的码头发达了，我也可以沾光。咱们沪杭两帮，一起打天下。拜师的事，不要再提。我年纪比你大几岁，我就做你的大哥吧！你有什么为难之事，愚兄一定鼎力相助。"说完，便把拜帖硬退给黄金荣。在黄金荣的再三要求下，他也不再推脱，收下了两根条子。

黄金荣见差不多了，便开口求教："大哥，你讲讲，这青帮是怎么来的？"

李休堂也就不再推辞，便把青帮的起源和发展原原本本讲了一遍。黄金荣听了，连连点头。

接着，李休堂又讲起青帮的帮规、十禁、十戒、十要、传道十条和家法十条。

"这么厉害！真是听君一席话，省我十本书！"黄金荣听完，不由得叹息道。

"这是以前的事，现在也没那么严格了。"

"哦。那码头上开销大，帮中人到哪去弄钱呢？"黄金荣三句不离本行。

"我告诉你点现在帮里的'生意经'吧。"

黄金荣立即把耳朵竖了起来。

这青帮里的徒儿们，来自三教九流，入帮以后便要为帮出死力，赚铜钿银子。他们可以各显神通，做各种"生意"。这种"生意"在帮里有动听的名目，说起来费解，要是破译出来，那便简单明了。例如，开条子（拐妇女）、贩猪子（贩华工出国当苦力）、贩石子（拐卖小孩）、淘沙子（绑匪小孩）、扒窃、开赌档、开堂子（妓院）、放印子（高利贷）、吃讲茶（包揽官司）、绑票、包开销（店铺新开张，帮里派人收酒肉钱）、倒棺材（用天地人和四张牌九骗人）、包烟土（贩卖鸦片吗啡）、拆梢、放白鸽、带线行劫等等。

后边三桩买卖，都是女人干的营生。所谓拆梢，包括"倒脱靴"、"仙人跳"几种玩意儿。放白鸽呢,是女人先和有钱人结识,勾引同居,之后席卷所有,逃之夭夭。至于带线行劫,却是有点调查研究味道。她们调查了一些富家大户以后,便在附近的家政公司中报名坐等,逢到富户雇女佣,便乘机而入。被雇以后,如发现这家"外强中干",她就推故辞出不干。一旦进入真正富家,她们便努力干活,同时也摸清出入门路与主人起居外出习惯,然后仔细调查珍宝黄金白银储藏处所。然后,她们把这些调查结果统统通知同党,这叫做"献地图"。地图一经献出,不出三、五天,这家一定遇偷或遭劫,而且贵重值钱东西被盗窃,有时失主暂时还发觉不了。

李休堂话讲得不少,酒亦喝得够多的了,他越讲越兴奋,到后来,他竟倚老卖老起来,对黄金荣的"帮"品评起来:"我说老弟,要晓得青帮有个特点,男女兼收。有了女徒弟,便可以另辟蹊径,做些色相上的生意。我看你的门生当中,还没有雌儿,这是个缺门,得想法子补上才好啊!"说完,哈哈大笑起来。

这话中有奚落,要是在别的时候,黄金荣即使不发作,麻脸也会虎起来。这会儿恰恰相反,他不住地点头称是:男帮主总是希望身旁有些女徒弟,有事徒弟干,没事干徒弟。黄金荣站起身来,满满地斟了一大杯状元红,恭恭敬敬地端给李休堂,讨好地说:

"大哥的指教,我一定记在心里。来,我敬大哥一杯,将来我这码头发起来,不会忘记你的帮衬。"

"你我是兄弟,有福同享。你现在还只三十三岁,便是上海码头的老头子,将来的事业前途无量。到那时不要忘记了我这个大哥啊!"李休堂双手接过杯酒,一饮而尽,还向黄亮了亮杯底。

听到"三十三岁的老头子"一句,黄金荣开心极了。他打听了好些人,不管青帮红帮,在帮内掌舵的人,历来都在四十五岁以上,三十来岁的人做"老头子",真可谓"年轻帮主"!上海是个国际城市,是远东第一大城,要是在这么个大都会里统率起千军万马,在码头上一呼百应,那将是一种什么情形?毫无疑问,那将是"中国第一帮主"的形象。

"这辈子就这样,我不怕别人说我是'空子',他娘的,我就是要做'中国第一帮主'!"

从六国饭店出来,黄金荣在心里狠狠地说了一遍。

3、谁敢给黄老大上眼药

就在黄金荣开山门不久,有人给黄金荣上了点"眼药",在法租界作了件大案:大中午的竟然明目张胆地偷走了雪弗利洋行老板娘的一只五克拉钻戒,价值二百多两黄金。

听到这个消息,黄金荣来不及细细品味做帮主的喜悦,匆匆赶奔巡捕房,老板娘的贴身使女已被人带来问话。

"中午,老板和老板娘在餐厅吃饭,我上楼去送开水,看见一个小姐坐在沙发上看书。这位小姐我从来没见过,可做下人的也不好直接问。那小姐见我进来说是要喝咖啡，让我下楼给她冲一杯送上去，我就去冲咖啡了。等我冲好咖啡端出来时碰见了太太，太太问是给谁冲的，我说是给楼上那位小姐的。太太连连追问我哪来的小姐，我当时就傻了。后来太太跑上楼，就发现戒指不见了。"使女把情形说了一遍。

"那位小姐长得什么样子？"黄金荣追问道。

"瓜子脸、丹凤眼，是个美人胚子，大概20岁左右吧！"

"好，你下去吧！"黄金荣拿起一支笔在纸上涂抹着。

"嗯，好个精明的贼丫头！大公馆的人家中午都在餐厅吃饭，佣人们有的在旁伺候，有的吃饭歇息，是戒备松弛的时候，这时进门极容易。她偷了戒指，正要走，却碰上使女，于是装成客人的模样支走使女，又神不知、鬼不觉地出门……好厉害呀，老子愿意和强手打交道。等着瞧吧，贼丫头，掘地三尺也要抓住你。"黄金荣暗想。

黄金荣回到聚宝兴，正好碰到李休堂回访。昨天晚上，黄金荣带着两根金条到六国饭店去看望他，他觉得黄金荣日后在上海滩肯定能闯出名堂，便借这个机会再和黄金荣加深加深感情。

黄金荣自从昨晚听了李休堂一席话后，觉得这小子花花肠子不少，就把案子说了一下，问他："大哥，你看这个案子怎么破？"

李休堂微微一笑，意味深长地说："破案子嘛，是老弟的本行，我可说不上什么法子。只是这位小姐看来是个锦线人物，老弟可用'招安'一策，为我所用，说不定会成为您的生力军哩！"

黄金荣一拍大腿，说："大哥言之有理。"

锦线，是盗窃学上的专有名词，亦称锦军。盗窃可分为三类：黑线、白线、锦线。黑线指专干夜间行窃的行当；白线呢，是指白日行窃；锦线在三线中为最高明，即要掌握各种窃术，又要会动脑筋，出入上流社会交际场中，见机行事，巧取而不露痕迹，这是女人们干的事。干锦线勾当的女人，一旦组织起来，其威力有时可以突破三军阵地，所以又号称"锦军"。

闲话提过，言归正传。却说黄金荣回到巡捕房，已是半夜，几个徒弟不敢走开，其他华探更加不敢离开了。他立即召集所有华捕，分两批布置任务：一批人控制车站码头，防止女贼远走高飞；另一批人迅速调查这个年轻女窃贼的落脚点。

第二天晚上，一个便衣探子上气不接下气地推门进来说："禀报探长，永昌大哥在外滩江中饭店探到一个十八、九岁姑娘，长相同钻戒盗窃案中的女贼差不多。"

"走，"黄金荣从椅子上跳起来，一挥手出了写字间，坐上车直奔江中饭店。

饭店门口，丁永昌与英租界捕房的包打探陆连奎已恭候着，他们向黄金荣报告：这饭店的303房间前天住了一个女客，名叫顾小茜，宁波人，来沪探亲访友，可是她在昨天下午就结账离开了。

人不在了，线索又断了。黄金荣低头沉思了一会儿，忽然叫道："找茶房！"

不一会儿，招待303号房的茶房被叫了来。那茶房提供这姑娘的情况，从打扮模样看，与洋行太太的使女说的相同。她衣着

华贵,出手阔绰,对茶房赏赐也不薄。

"她什么时间离开的?"黄金荣问。

茶房想了一下,回答道:"约摸一点钟光景,她回到店里,叫我去喊辆黄包车来店门口等着。等我叫好车子,她就出门了,带了一只手提箱,是我帮她拎的,她自己只提了一个小拎包。"

"车子朝哪个方向去的?"

"她坐上车后,吩咐车夫到汇丰银行去。"

"她住进饭店后,有没有人找过她?"

"好像没有。"

"怎么是好像没有?"黄金荣恶狠狠地问道。

"哦,我想起来了,有过一个人到她房间找过她。"

"谁?"

"是她隔壁住的一位老先生。"

"隔壁房间?"

"是的,就是305房间。"

"你怎么晓得那位先生找过她?"

"前天下午,我看见那位先生从303房间出来的。现在这位先生还没走,还住在305房。"

黄金荣点了点头,让茶房走了,他看了一下壁上的自鸣钟,已是深夜两点多了,就对丁永昌、陆连奎说:"你们带几个人把305那个老混蛋绑到聚宝兴来!忙了一天一夜,老子困了,散了!"

丁永昌、陆连奎一声长叹:您倒是早点散啊,这点儿,您让我们上哪儿找二路汽车去?

陆连奎虽然是英租界包打听,可是他目前正央求丁永昌作介绍,要拜黄金荣为师父,这正是卖力讨好的机会,他恨不得光着膀子干。

4、江湖从来不缺奇葩

305房客便是女贼顾小茜的义父,名叫顾尚义,是江南素有"千变神偷"之称的老江湖。顾小茜是他从街上捡来并养大,待小茜长到十一二岁时,顾尚义开始给她传授"盗窃学"。

这次顾尚义携女来沪献"技",本想事成之后,让小茜远走高飞,他自己要在这十里洋场"耍耍玩玩"。他认为自己一没动手,二无赃证,官府奈何他不得。但是,他哪里想到自己的对手是上海滩的流氓白相人,他们可不讲什么官法、王法,"老子的想法"便是王法、官法!

"我什么都没干,你们凭什么抓我?"顾尚义在聚宝兴密室里大喊大叫。

"嘿嘿!"黄金荣一声冷笑,随即大声呵斥,"'千变神偷'你别来这一套。

"姓黄的,你这回算计错了,谁都知道,偷钻戒的是个女的,你抓我有什么用?"顾尚义似乎胸有成竹。

"哦？老子抓错了？"黄金荣阴阳怪气地说。

"对，你就是抓错了。你办案得讲王法，我没偷戒指，你奈何我不得。"顾尚义越说越得意，有些眉飞色舞了。

"哦，哦！那老子岂不是竹篮打水一场空了吗？"黄金荣像一只猫狡猾地玩弄他的口中之食，"姓顾的，你大概忘了，老子不但是个探长，还是个流氓，你跟一个流氓讲法，真是一朵奇葩！来人啊，侍候侍候奇葩哥！"黄金荣口令一出，四五个打手把顾尚义拉进小黑屋，没头没脑地一通捶，直打得顾尚义爹一声妈一声地嚎叫。

顾尚义毕竟是闯过江湖的人，这点皮肉之苦还是挺得过去的，始终未招半个字。

你老小子痛痛快快承认就得了，在这儿磨磨唧唧、磨磨唧唧，难道是在考验老子的耐性吗？哼，不玩死你，如何显出老子的手段？黄金荣狠狠地想。

黄金荣叫福生抬进一张桌子，放上鸦片，他架起烟枪，一口一口地抽了起来。鸦片的香味飘进了顾尚义的鼻孔，他登时来了精神，然后一个接一个地打哈欠，眼泪鼻涕直往下流。

顾尚义烟瘾上来了，五脏六腑似有刀割一样地痛，骨头缝儿里好像爬进了小虫子一样痒得难受。顾尚义一闭眼，说："给，给我也抽一口吧，我什么都招！"

"你又没偷戒指，你招什么呀？"黄金荣在吊顾尚义的胃口。

"是樊瑾成让我父女干的，你开山门请了李休堂却没请他，他生气了，让我们到上海来给你表演个节目！戒指是我女儿顾小茜拿的，她已经远走高飞了。黄大老爷，我错了，我错了呀！"顾尚义疼得死去活来，节操掉了一地。

"你女儿……"黄金荣拖着长腔。

"她听我的，我马上就写信让她回来，马上就写！"

黄金荣心满意足地点点头。

这顾尚义与樊瑾成是什么关系？樊瑾成到底是什么人？

原来，樊瑾成是杭州青帮头子之一。当他在西湖边上的楼外楼吃酒时，听到上海黄金荣要招门徒开码头，还邀请李休堂去赶香堂，心里很不爽。他心想李休堂与自己是同辈分的，黄金荣只请了他，便是看不起老子。回到家里，樊瑾成便吩咐手下人找来顾小茜与她的义父，让他们到上海去，在黄金荣开香堂的"大喜日子"去露一手，给黄金荣一点颜色看看。

如此看来，黄金荣真是躺着也会中枪！不过，这顾尚义也不事先摸摸人家的底，别人一撺掇他就跑去和人家对着干，明显是个缺心眼儿的货！

几天之后，聚宝兴茶楼来了一位神秘的茶客，坐下后要壶龙井。等跑堂的送来茶水，他取下盖碗，顶向外、底朝里地放在茶盏左面。跑堂的一瞧，哟，这不是我们帮里的暗号么？他不敢怠慢，连忙上楼去报告福生。

黄金荣开了山门之后，就将茶楼当成了"大本营"，逐渐挤走了原来的老板，把茶楼生意完全交给福生打理。福生也十分能干，把个聚宝兴上上下下管理得井井有条。

福生听了跑堂的汇报，不敢耽搁，立即下楼。他来到茶客面

前,一拱手说:"老大,您可有门槛?"

对方恭恭敬敬地站起来,右手拂了一下衣袖,还礼道:"不敢!是占祖师光灵。"

"贵前人是哪一位!贵帮里是何门号?"福生继续追问。

"在家,子不敢言父;出外,徒不敢道师。敝家姓陈名上江下山,是江淮四帮。"

"老大顶哪个字?"

"在下头顶二十一,身背二十二,脚踏二十三。"

"老大是'悟'字辈罗!"福生拉了椅子坐下,又说"请",示意对方也坐下,继续对奇葩的暗号。

"两只小蜜峰啊!"

"飞在花丛中啊!"

"左飞飞!"

"右飞飞!"

"啪啪!"

"啊啊!"

至此福生已经知道对方是青帮中人了,他递过一盏茶来,说:"大哥,咱是一家人不说两家话,您此来有何贵干就直白了吧!"

中年人微微一笑,说:"人多眼杂,兄弟我们别处说吧!"

福生立时会意,把来客让到楼上。来客见四下无人,从怀里拿出一封信。福生一看,原来是李休堂写给黄金荣的亲笔信。福生不敢怠慢,马上叫车亲自把信送到黄金荣家里。

这到底是怎么回事?

原来，钻戒得手以后，顾小茜便马上回到了杭州。但不久，顾尚义被黄金荣生擒，写信回来要顾小茜送回钻戒赎父。樊瑾成知道事情闹大了。俗话说：山不转水转，水不转人转。都是青帮中人，何必"窝里斗"呢？

于是，樊瑾成便硬着头皮到同门兄弟李休堂家，求李休堂写了封说情的信，派管事老五，也就是到聚宝茶楼的中年人来面见黄金荣。

黄金荣看完李休堂的信后，当天便接见了樊瑾成的管事老五，并且用金条收买了他。不几日，顾小茜便带着钻戒，从杭州来上海向黄金荣投案了。

5、打破事业发展瓶颈

顾小茜带着钻戒从杭州来到上海以后，黄金荣在一间密室里单独接见她。

当黄金荣看到顾小茜的姿容以后，心里不禁神魂荡漾。只见她两道修眉下面，是一对略大的眼睛，在浓而长的睫毛下很活泼地溜转，里面满含着秋波、媚俗和狠毒。更耀眼的是她穿的那身旗袍，剪裁得特别仄小，差不多是裹在身上，两个乳峰在里面起起伏伏，给人以充分的遐想。

黄金荣瞅着也眼馋啊，不过却不能表现出来，太跌份了！他掩饰住闷骚的心，一本正经地说道："顾小姐，我找得你好苦呀，只好叫你义父写信，请你这位高手来到上海滩。"

顾小茜一笑，热情地答道："哦，黄探长，小女是久闻您的大名。上次来沪一接触，你便探到我的行踪，实在高明，我佩服。"

顾小茜伸手脱下一枚钻戒，说："黄探长，戒指可以完璧归赵了，我们父女是否也可以团聚了呢？"

"哈哈，顾小姐把我黄某看成什么人了，难道我会为了一枚戒指伤了江湖人的感情吗？"黄金荣嗔怪道，"顾小姐出手漂亮，在那么多人的眼皮底下偷走了钻戒，实在让黄某人佩服。算起来我也是个爱才之人，刚刚开了山门，事业发展遇到了瓶颈，需要有才能的人来打理。说句敞亮话，我看上小姐的才能了，有意思……"

"小女子愿意为徒！"不等黄金荣说完顾小茜迫不及待地说。

顾小茜虽然只有20来岁，但却是在江湖上蹚了十几年路子的，冰雪聪明，悟性极高。此刻，父亲正捏在黄金荣的手里，就算麻皮脸要她作妾，她也得咬牙答应啊。

"好，痛快，顾小姐真是个痛快人！"

"师父，你怎么还叫我顾小姐呀？叫我小茜吧！"

"噢，哈哈，对，对！"黄金荣那小脸登时绽放得犹如菊花般灿烂，"小茜啊，我们去看看你义父，把我们成了师徒的事儿说给他，他肯定高兴！"

黄金荣引着顾小茜来到密室，顾尚义眼见着宝贝女儿来到了身边，顿时老泪直流。顾小茜一头扑进顾尚义的怀里，嘤嘤地哭了起来。

"顾老爷子、小茜，别这样，父女相见是好事啊！今天是双喜临门：一喜是你们父女相见，二喜是小茜拜我为师。我看我们应该庆祝一下，走，上得意楼吃蛇羹去！"

三人欣然来到得意楼，黄金荣出手阔绰，叫了一大桌子的菜。黄金荣指着菜，一一给父女俩介绍。

"黄探长，那戒指的事……"顾尚义还是有些惴惴不安。

"这个有什么难，我把戒指送回去说窃贼跳江死了，不就结了！顾老爷子，我们以后得风雨同舟哇！"黄金荣在敲打顾小茜。

顾小茜心领神会，斟了一杯酒送到黄金荣跟前，说："师父，徒儿敬你一杯！"

黄金荣咧开大嘴哈哈笑着喝了酒。

"师父，你待我们父女不薄，我顾小茜定会使出看家本领，为师父效犬马之劳！"

"妥了！有徒儿这句话，我就放心了。"黄金荣感到自己似乎抓住了一块宝。

"小茜啊，依你看我应该怎么做才能打破事业发展的瓶颈呢？"黄金荣问。

"师父是个奇才，还用得上我一个妇道人家指手画脚吗？"

"我们师徒不讲客套，小茜你就直说吧！"黄金荣迫切地说。

"那就恕小徒直言啰！"顾小茜放下筷子喝了点酒清了清嗓子，说："'欲攻坚阵色为先'，谁不知道堂子业在大上海火得很，师父不妨让徒儿调教一支女子别动队，给师父网罗钱财！"

"哦！小茜，你身为一个女人，用女人挣钱……"

"师父，您说这话怎么跟不食人间烟火似的？世界那么乱，装纯给谁看。"

"哈哈，小茜，真有你的！"黄金荣乐呵呵地说，心想你脑袋是不是开光了啊？这么缺德的主意你是怎么想出来的？

"师父，你给我找几个丫头，严格训练之后可以做拆梢、放白鸽、仙人跳等生意，那钱来得就快了！"顾小茜说。

"小茜，你门槛精、脑子灵，你给师父讲讲这个中的奥妙吧！"

顾小茜拿出看家本领，眉飞色舞地说："'放白鸽'就是把年轻美貌的姑娘放出去，做有钱人的妻妾或姘妇，然后席卷银子像鸽子一样飞回来；仙人跳就是派出漂亮妇人勾引有钱人家的男子，妇人的丈夫再去揭发，进行讹诈；这些姑娘里，也可以捡些姿色差点但很机灵的到赌场做庄主。师父你看这是不是路子？"

黄金荣听得目瞪口呆，说："不错，小茜，师父没有看错你，这样吧，今后你就是女子别动队的队长，一切行动由你发号施令！"

"多谢师父抬举！"顾小茜喜出望外。

日头斜西，天色将晚，三个人酒足饭饱之后各归住所。

黄金荣心里无法平静，想到未来的美好图景，他兴奋不已。

"顾小茜这个人要多加防范，她是个人物，但未免太不老实。"黄金荣心里说。不过，她的确是个大美人，黄金荣想起了顾小茜的笑靥，心里不禁一阵荡漾。

6、盗窃学校师徒相见欢

顾小茜父女投到黄金荣门下，一晃就是半年，转眼便是暮春时节。上海滩连日淫雨霏霏，大街小巷尽是湿漉漉的。不知道老天是不是让夏天和冬天同房了，生出这鬼天气！

在肇嘉浜与法华泾汇合的湾子边，有几间东倒西歪的破瓦房隐在烟雨迷雾中，外面围着一圈高墙，黑洞洞的大门上挂着一块牌子：土山湾孤儿院。这就是顾尚义父女临时培训的地方："盗窃学校"。

这孤儿院里收养了几十个女孩和姑娘，她们都是被骗来、拐来的，也有个别是花银子买来的。几个月来，经顾小茜的悉心训练，一支锦军已初具规模。

这一天，顾尚义陪着黄金荣亲临现场视察，顾小茜迎了进去，将自己手里的伞给黄金荣打上，并说："师父，下雨了，别忘了打伞，湿身是小，淋病就麻烦啦！"

"淘气！"黄金荣点了一下她说。

顾小茜微微一笑，接着向黄金荣介绍到，有六、七个出类拔萃的姑娘经过严格的训练，已成为空空妙手，可以开始独立"操作"；还有七、八个稍逊一点，可以做拆梢、放白鸽、眼线等几票生意。

对于这支因材施教与利用各人特长"分配工作"的队伍，黄金荣十分满意，觉得这支锦军不久便可以横行"海上"。他高兴地问："小茜，什么时候开市？"（"开市"是行话，即开始行动的意思。）"

顾小茜摇头解释说："师父，带她们开市还得过几天，还有几堂课要上呢！今天特意请您来，就是要您讲课。"

"要我讲课？开玩笑吧？"

"不是开玩笑，是真的。您想这些孩子多半是从外地弄来的，虽然上海地界熟悉了一些，但是茶楼、酒馆、店铺、戏院等去处的内幕还是生疏的，非得有人开导不可。要是叫别人来讲，又不太方便。"

"那你来讲好了！"

"我是个外来户，对上海滩不熟。要是让我讲杭州、宁波，我可以讲三天三夜。至于这里的情况介绍，非劳您的大驾不可喽！"顾小茜说完，莞尔一笑，笑得黄金荣夺魂摄魄。

但顾小茜不让麻皮大爷有想入非非的机会，马上提出："我去让她们到这房间里来，您给她们训训话？"

"慢！"黄金荣搔着头皮，忽然决定道："我同她们不见面为好。"

"为什么？"

"你想想看，这批人将来散到上海滩各个角落，人多嘴巴就杂，难免要讲出去是我黄金荣在背后牵线指挥，这就不好。要是闲话传到法国巡捕房、工部局去，那就更不好。所以这种事情，我是万万不能出面的!"

"那怎么办?假如要请别人来这里讲话,这里的秘密……"顾小茜也犯起难了。

在一旁的顾尚义看了女儿和黄金荣一眼,提出自己的意见:"我看干脆迟几天开市,今天请黄先生将上海滩茶楼、酒馆的情况,讲给我们听听,明天让小茜带这些小把戏去实地看看,熟悉一下门路,而后开张不迟。"

"好办法!两位来上海时间不长,是要熟悉熟悉这些情况的。"黄金荣赞同。

顾小茜也点点头,同意了。她觉得黄金荣是对的,古人云:"大盗不操戈",要老头子亲自给这帮虾兵蟹将指点,是划不来的。万一碰到尴尬的事情呢,若黄金荣牵进去,就下不了台阶。她佩服老头子的见识过人。

要讲讲上海滩的茶楼酒馆,正是黄金荣的拿手好戏,他从小随父来沪以后,一直在这些地方出入混迹,没有哪里是他不清楚的。

黄金荣讲了老半天吃喝,把顾尚义馋得直流口水,便老着面皮开言道:"古人说'画饼充饥',今天时候不早了,肚子早已闹起饥荒,黄先生准备带我们去尝尝哪一帮酒菜呢?"

黄金荣哈哈大笑起来,一拍大腿说:"我是光顾闲话,忘记请你们两个吃饭,走,我请你们去吃饭。具体开市时间地点,我们边吃边聊。"

吃完饭,黄金荣送顾小茜回去休息。

来到住处，顾小茜去里间换衣服。不一会，顾小茜披着一件长丝绒睡衣，来到黄金荣的身边，理着柔顺的头发，说："师父，天色不早了，您该休息了！"

黄金荣醒过神来，转身向楼下走去。

"师父！"顾小茜一把拉住黄金荣，"你别走！"

黄金荣感到一惊，随即领会了顾小茜的意思，随着她走进房间，一朵鲜花就这样插在牛粪上了。

7、为养子找了个俏奶妈

从顾小茜的房间出来，黄金荣有一种满足感，自己这样一张麻皮脸，竟然有这样如花似玉的女子主动投怀送抱，很让他骄傲。但他又想起家里的林桂生，于是匆匆赶回家去。

刚走到自家楼下，便听得楼上传来一阵阵婴儿啼哭声。黄金荣闻听，麻脸上立刻浮上一片烦躁。他提起一脚，"咚"的一声，把虚掩着的黑漆大门踢开了。

"啥事啥事？要死要活的，吃错药啦？"被楼下的声响惊动的林桂生从窗口探出头来，没好气地骂道。如果说女人是水做的，男人是泥做的，那林桂生一定是水泥做的。

黄金荣走进屋，虎着脸一屁股坐在太师椅上，点上一根雪茄吞云吐雾起来。

过了一会儿，房内的孩子还在哭。黄金荣实在耐不住了，冲着里面吼了一嗓门："奶粉给他吃了没有？"

"回老爷话，给他吃了。"娘姨来到房门口，惶恐地答道。

"那还哭个屁？这个小赤佬，天生穷鬼的命！"黄金荣没好气地说。

"人奶，他要吃人奶！"内房里，林桂生也没有好气，声音比黄金荣还要大。

"奶妈呢？"黄金荣对着内屋问道。

"今天又没来，说是男人还在发寒热，来不了啦。"娘姨代林桂生回答。

"放他娘个屁！"黄金荣狠狠地骂了一句，脸上的麻子涨得通红，"老子出工钱的，她敢不来？"

黄金荣有火无处撒，一赌气，"咚咚咚"转身下了楼。家里待不住了，他又要到外头去花天酒地了。

"这个杀千刀的！"房内，林桂生切齿低骂，"都是自己作的孽，谁叫你年轻时勾三搭四，饼头轧得昏天黑地，现在正儿八经叫你做，你倒做不出来啦！"

一边的娘姨听了，只是掩嘴窃笑。

原来，黄金荣、林桂生结婚几年，夫妻俩仍没鼓捣出个儿子。起先，黄金荣对此倒无所谓，但见到同事、朋友一个个结了婚，孩子都齐腰高了，他开始担心别人背后热嘲冷讽，咒他"绝子断孙"。于是，夫妻俩一合议，决定领养一个儿子，以壮门面。

恰巧一个外地来沪的京剧武生突然去世，扔下一个无娘的才满月的儿子。黄金荣心说这真是刚想瞌睡就有人送上枕头,他趁尚无人知晓,便将这孤儿抱回了家,取名黄钧培,小名福全。

小福全进门后要吃奶奶,可林桂生没有奶,只好托人挑了个正在哺乳期的年轻漂亮女人,做小福全的奶妈。

听介绍人说,这个奶妈是苏州人,名叫徐巧慧。去年年底,徐巧慧大着肚子随男人来到朝天门一带,男的做苦力,女的给富人家洗洗涮涮,一家人总算有口粥喝。今年阴历八月半,徐巧慧生下一个白白胖胖的女儿凤儿,穷夫妻倒也蛮开心,从乡下接来老娘,让老人帮助照管孙女儿。现在见有大人家请去当奶妈,而且远比现在挣得多,所以,徐巧慧二话没说,就进了黄金荣的家门。

说来也奇,这小福全一闻到徐巧慧的奶香,立马就不哭也不闹,"吱咕吱咕"饱餐一顿后,一觉能睡到大天亮。黄金荣夫妇看在眼里,喜上心头,对这个既年轻漂亮又奶水充足的奶妈很合意。林桂生一喜之下,当即把一个月的奶钱提前付给徐巧慧。

没想到借来的媳妇焐不热脚,前两天徐巧慧托人带来口讯,说男人身体不好,这几天不能上班了,弄得小福全总是哭哭闹闹,黄金荣好不心烦。

这天,黄金荣回到家中,见桂生又物色到一个奶妈,正在娘姨的前引下走进黄家。黄金荣不由得喜上眉梢,心想今天总算可以在家睡个安逸觉了。岂料,令大家不解的是,尽管这个奶妈的奶水十分充足,但小福全却是不买账。奶妈的产奶设备刚一挨到他的小嘴,他就吐出来,像受了天大的委屈似的哭得好不悲伤。

奶妈试了几次，都不行，她只好怏怏而去。

眼看一腔欢喜刚涌起，顷刻又变成了烦恼，小福全已哭得嘶哑无声了。这下，黄金荣再也忍不住，气冲冲地直奔朝天门而去。

到了朝天门，黄金荣捂着鼻子，好不容易寻到徐巧慧家。只见徐巧慧那个用芦席、烂铅皮搭成的"家"里，白布翻卷，麻片飘荡，徐巧慧和她的婆婆哭丧着脸，正坐在乌黑的棚子里呜咽呢。原来，徐巧慧的男人前几天一次卖苦力时不慎失足，跌死了！

黄金荣耐住性子，上前开口就问："喂，你这个女人，怎么拿了工钱就像断线的鹞子，再也不来了呀？"

因受丈夫突然去世的打击，几天不见，徐巧慧神情憔悴，人也瘦了一圈。忽听一个男人粗喉大嗓地发问，她抬头一看，男东家找上门来了。她连忙一边让座，一边悲伤地向黄金荣解释原委。黄金荣未加深究，只是追问道："事都过去了，你倒是去不去老子家了？"

徐巧慧眼泪汪汪，用一口糯软的苏州话答道："回东家先生的话，能不能过几天再去？"

"为什么？"

"只因为我一气一伤心，奶水不足。这点奶水不够两个小孩吃了。"说着，徐巧慧看着怀中的女儿，脸露难色。

徐巧慧的婆婆也闻声出来，对着黄金荣一个劲儿作揖，请东家再宽限几日，儿媳妇的奶水养充足了，便去上班。

这时，住在附近的人纷纷围上前，异口同声地帮腔。黄金荣一时不好发作，只得忍气吞声作了让步，答应徐巧慧过两天再去他家喂奶，然后头也不回拂袖而去。

也是穷人自有穷志气，第二天，徐巧慧就蓬头散发地出现在黄家。说来也怪，徐巧慧人还没进房间，那房内的小福全就奇迹般地停止了啼哭，徐巧慧刚走到他面前，孩子的小手小脚就兴奋地摆动起来。

一边的林桂生见状，惊叹之余，不由得与黄金荣面面相觑。

8、只有想不到没有做不到

日子一天天过去，小福全越来越离不开奶妈了，只要徐巧慧不在身边，他就会哭闹不休。为图心静，林桂生便与徐巧慧商量，请她干脆住过来，直到小福全断奶为止。可是，徐巧慧放不下家里的女儿和婆婆，没有答应。

小福全卷土重来的啼哭声，使黄金荣更烦躁不安。尤其随着两个孩子渐渐长大，徐巧慧的奶水越发不够分配的时候，黄金荣终于诱发了蛇蝎心肠，一丝残忍的毒笑掠过他那张麻脸。

一天，徐巧慧刚出门去黄家不久，一个打扮得花枝招展的女人坐着黄包车，轻车熟路地走进了她家门。

"啊呀，婆婆你好啊！"女人向坐在床边的婆婆亲热地打招呼。

"啊,你是……"婆婆见家中来了稀罕的贵客,不由得手足无措,一时不知怎么才好。

"我是你家巧慧的小姐妹呀,刚才,巧慧姐在路上碰到我,叫我把凤儿带到她那里去。"

"哦,巧慧是到黄家去的呀,怎么……"婆婆自是轻易不肯脱手。

"我晓得——"女人拉长腔调,打断了婆婆的话,"她是去人家喂奶的,可是,现在防疫站正在免费种牛痘,可以防止出天花。你不晓得,今天免费种牛痘的人可多呢,排老长老长的队。巧慧姐怕轮不上,就一边排队一边叫我来抱凤儿去种牛痘。你快把凤儿给我吧,只怕晚去了一步,白排队不算,以后这种机会再也轮不到了呢。"

"哦,哦!"种牛痘婆婆听不懂,但出天花她却听得懂的。这是一种可怕的病,一出天花,小孩可是要变麻子的。所以,她连忙从床上抱起凤儿,走到女人面前。那女人从婆婆怀中抱过凤儿,转身就往门外走。

"等等,带几块尿布去。"婆婆想了想,从床上叠了几块尿布,想跟着那女人一齐去。可是,当地迈着小脚跟到门口,已经迟了,那辆黄包车载着女人和小孙女儿,箭一般消失在尘土滚滚的土路尽头。

婆婆目瞪口呆,隐隐地有种不祥的感觉。

婆婆的感觉没有错,等到傍晚徐巧慧回到家中,才知道一桩泼天大祸已经酿成:她们心爱的凤儿被人拐走了!

其实，今天拐骗凤儿的压根不是人贩子，而是那个以维持社会治安为业的黄金荣派人干的！黄金荣这么做的目的只有一个，就是为了他的小福全能一人独享奶妈的奶水！

一向自夸"只有想不到，没有做不到"的黄金荣终于如愿以偿。三天后，接连遭受丧夫失女沉重打击的徐巧慧，在黄金荣的威逼下不得已来到了黄家。

徐巧慧来到黄家不久，上海滩发生了一件的大事。原来，光绪皇帝的弟弟载沣亲王要从上海乘海轮去德国。这次亲王路过上海，英法两国租界当局特别客气，为他安排了盛大的欢迎仪式。

这一盛大的壮举，自然引得向来爱凑热闹的上海人，一起挤到南京路来白相。这是黄金荣的锦军生财进宝的好时机，他一边指挥巡捕维持秩序，一边为锦军提供方便。此时，在黄金荣的幕后操纵指使下，由顾小茜培训的一支锦军，已活动在上海的各个角落。

载沣亲王一行住进汇中饭店等轮船开航的前一天，黄金荣的徒弟、公共租界巡捕房的陆连奎给黄送来消息，说亲王在汇中三楼包了五个大套间，亲王自己住在中间，他的总管住在边上一间。

黄金荣立即把这个消息悄悄告诉在"紧急待命"的顾小茜和其义父，这父女俩便导演了一出有声有色的"戏文"。

这天，五十二岁的亲王总管家吃完饭后，倚在后阳台边上，一边用牙签剔牙，一边欣赏黄浦江的晚景。猛然间他只听得吱呀一声，隔壁房间的阳台门开了，出来一个穿睡衣的漂亮女郎。

那女郎瞧见阳台上的总管，向他眯眼点头一笑，双手拢了拢披肩长发，伸了个懒腰。然后，她随手从阳台上拿起一包香烟，抽出一支，塞在自己朱唇上，再抽出一支，扔过阳台，掉在总管的膝盖上。总管连忙拾起，向对方弯腰致谢后，夹起烟吸着……

不到半支烟的工夫，总管已是神魂颠倒，全身酥软。原来这支烟是专门为总管制做的，里面有迷魂药。总管用尽力气，勉强扶墙站起来，步履蹒跚地挪到床边，一头栽在床上，就呼呼睡死过去了。

第二天一早，总管揉了揉眼睛醒了过来，定神一回想，觉得有些不对劲儿，这才回忆起阳台上抽烟的事来。他忙挣扎起来，一查行李，锁在大箱子里的几件宝贝不见了。

这几件宝贝到底"飞"到什么地方去了呢？此时，它正安放在黄金荣的卧室里。

黄金荣打开桌上一个皮箱，皮箱里叠着一领貂皮衣料，在发光的貂皮上排着四只金元宝、一串珍珠项链，这是打算送给法国租界巡捕房的总监石维也作生日礼物的。这几件贵重东西，除了那件貂皮料子，其他的都是顾小茜领导下的锦军进贡来的"贡品"，黄金荣只不过是借花献佛，转了一下手而已。

黄金荣的礼并没有白送，看来洋人也很能领会"投桃报李"的奥妙，在石维也生日后的半年，黄金荣便接到法国主子"报"来的两只大"李子"：

先是在他三十五岁生日的那天，石维也为他请求到一枚银质宝星章。当时还没有第二个华人获得这份荣誉，这无疑给了众人一个信号：黄麻皮红得要冒烟儿了！

在五个月之后,巡捕房又提升黄金荣为督察员。督察员的位置虽在督察长之下,但可以"督察"一批包探与探长,有些时候还操着生杀大权。原先与黄金荣平起平坐的探长,这下子可要弯腰拱手,巴结在他的门下了。这真是牛人年年有,今年人最牛啊!

9、吃着碗里的看着锅里的

一晃,小福全一周岁,会走路了,但这孩子"吊奶头"(沪语:不肯断奶的意思),一天三顿只吃奶水,不碰粥饭。林桂生几次三番要巧慧为小福全断奶,可是,徐巧慧下不了这个手,小福全更是哭得稀里哗啦。无奈,大家只好等他长大一些再说。

平心而论,黄府的伙食不错,尤其为了诱育乳汁,徐巧慧吃的要远比那些娘姨女佣好。所以,一年不到,徐巧慧不但恢复了元气,而且滋养得光鲜水滑,以致有时黄金荣的狐朋狗友来黄府做客,见到徐巧慧时会禁不住两眼发直,挪不动脚步。没办法,上流社会的人,总喜欢做点下流的事。

如此美女,怎逃得脱黄金荣那双色眼?

过去,一向难得回家的黄金荣,现在动不动就往家里跑,绕着围着徐巧慧,没话找话地与她搭腔。尤其当徐巧慧敞开衣襟,露出白得耀眼、鼓得像球似的产奶设备给小福全喂奶时，黄金荣落在上面的目光，恨不得变成两把锥子，在那白肉上钻出两个孔来。

林桂生虽不曾吃过狗肉，但狗的肚肠有几根她还是一清二楚的，黄金荣放荡不羁的色眼，早使她警惕百倍，妒火中烧。她知道，要不是她日日夜夜与徐巧慧呆在一起，他早像饿狼扑食似的掐掉这朵花了。为此，林桂生找了个借口，辞掉了徐巧慧。

就在徐巧慧离开黄家的第二天，黄金荣回到了家里。原来，他在奉命追捕太湖强盗"黑风"一案中左脚受伤，不得已回家养伤来了。然而，喜气洋洋的黄金荣一瘸一拐地还没踏进家门，就被小福全的哭声驱尽了麻脸上的笑容。

"怎么回事？哭得像屋里死了人似的！"黄金荣闻声径直上楼，笨手笨脚地从娘姨怀中接过小福全。凭良心说，小福全虽不是自己的种，但黄金荣还是从心底里喜欢他。尤其是小福全一岁时第一次叫他"爹爹"时，他更是心花怒放。这个一向大大咧咧的粗人，从此出差在外，总不忘捎点东西给儿子。今天他见孩子又大哭大叫烦躁不安，心里委实有点舍不得。

"回老爷的话，福全断奶了。"娘姨小心翼翼地答道。

"好端端的，断什么奶？让他吃就是了，生怕老子家吃不起还是怎么的？"黄金荣说出话来气吞山河。

"卵也没捏准，就怪夜壶漏。"林桂生叼着一根香烟走进房门，讥嘲男人，"你想叫福全叼一辈子奶头呀？"

"我要姆妈！"小福全见到父亲，哭得更委屈了，眼泪鼻涕涂了黄金荣一身。

"那么，那么……巧慧呢？叫巧慧弄他嘛！听听，喉咙也哭哑了。"黄金荣心痛地提议道。

"哼，走了！"林桂生轻描淡写。

黄金荣一怔，即向桂生发出一串连珠炮："走了？为什么？上哪去了？"

天长日久，黄金荣已像馋猫似的紧紧盯住了徐巧慧。这回，他本想趁回家养伤之际，把巧慧弄到手，现在猛听得心上人突然走了，他当然要发怔。

"她不走，福全的奶断得了吗？"

"那，那她到底上哪去了？"黄金荣现在最关心的是徐巧慧的下落。

"脚在她自己肚皮底下，她要上哪里，我管得着吗？"林桂生见黄金荣发急，便连忙缓下口气讨好对方，"不过，她临走前，我特意给了她十元银洋。"

"你！"黄金荣有火发不出，面孔上的麻子粒粒涨红了，一时张口结舌，不知说什么才好。

"我怎么了？我错待她了吗？"

"你、你这样做，福全怎么办？哭得这副腔调，让他哭死你才开心是吗？"黄金荣终于找到了理由。

"你不要急，小孩断奶都这样的，至多哭闹上个把礼拜就不哭了！"林桂生依然轻描淡写。

"放你娘的屁！"黄金荣勃然大怒，终于吼叫了起来，"老子难得回家养伤。你要叫他吵死我呀？"吼罢，他放下福全，赌气下了楼。

林桂生见状,气得胸脯一鼓一鼓,她晓得男人这是去寻徐巧慧了。

后来,在黄金荣的威逼利诱下,徐巧慧又重新回到黄家,小福全破涕为笑了。

这天是立夏,黄金荣回家与家人团聚。一家人用过晚饭,徐巧慧和其他女佣才上餐桌。

黄金荣一边剔着牙,一边当着林桂生的面,含沙射影地向徐巧慧发问道:"巧慧,听说福全断奶后,你又要走人?"

徐巧慧信以为真,不由得喜上眉梢,用力点点头:"嗯。"

林桂生连忙顺水推舟:"蛮好蛮好,反正我早已和你结过账了。"

黄金荣干咳一声,打断妻子的插嘴,一语双关地说:"你看,你走得了吗?"

这时,徐巧慧才听出黄金荣话中的杀气,不由得心头一阵颤抖。她佯装糊涂,支支吾吾地答道:"老爷,反正,反正少爷已经断奶了。"

"你看少爷离得了你吗?"黄金荣一声冷笑,话虽是问徐巧慧的,但两眼却看着一边的林桂生,"太太白天打麻将,夜里上戏院,比我还要忙,福全怎么办?"

"我是死是活,不要你管!"林桂生彻底明白了黄金荣的话外之音,不由得气哼哼地站起身,拂袖而去。

黄金荣狡诈地笑了,继续"启发":"算了,巧慧,人生一世，不就图个安安逸逸吗？哥有车、有房、父母双亡，不会让你吃亏的。小福全从小是你养大的，离不开你，我也不放心把他交给别人，你就死了这条心吧！"

听到这里，徐巧慧一颗心顿时掉到了冰窟里，一时无话可答。她一直认为黄金荣很特别，只是没想到是这么特别的人渣。

林桂生再厉害、再泼辣，毕竟还是从心底里惧怕自己的男人。她晓得这个男人心狠手辣，一旦发飙，是什么手段都使得出来的。现在，既然自己无力把徐巧慧这根祸苗拔掉，也只好慢慢地相机行事了。再说，这个吃着碗里、看着锅里的色鬼男人，一时还没有任何把柄被自己捏住，所以，她现在还不敢由着性子来。

四 混江湖不怕风雨多

　　黄金荣这次出师大获全胜，消灭了对头，抢得了"北市"一带的地盘，他的雄心更大了。他现在不仅是法租界巡捕房的督察员，以及青帮中的老头子，还是"堂子老板"、"赌博业巨头"，更是"茶楼业、酒店业的佼佼者"。如此一来，财源滚滚而来，他终于可以在上海滩风光一把了。

1、一条龙服务的大赌场

上海的秋冬之交易于刮风,尘土、沙粒都飞了起来。在马路上的行人都低着头,掩着脸,上身向前屁股朝后地弯着腰,很困难地走路。马路两旁摆摊设点的不见了,连一只野狗也没有。

在这样的天气里,商店歇业,工厂停工,农民农闲,就是流氓也无用武之处了,因为街上很少行人。只有几个巡捕缩在大楼的门檐下,哈着手,叼着烟,在互相天南海北地闲扯。

黄金荣这几天闲得无聊,便和几个门生天天在家搓麻将。门生同老头子搓麻将,在老头子来说,是给手下人的一种荣誉;在手下人来说呢,却是一种变相的进贡,得把银元悄悄地输给师父,逗他开心。

黄金荣一连和了三副牌,最后一副竟凑成了清一色,一下子翻了三台。他面前的银元,白花花的排叠着五大摞。

麻皮开心了,他点了支烟,叼在嘴角上,一边洗牌一边提出了古怪的问题:"你们讲讲看,搓麻将的味道在啥地方?"

几个门徒高足有的说赢铜钿,有的回答是凑成清一色或混一色,更有的说搓麻将就跟玩女人样,重要的是快活。

黄麻皮笑了笑,摇摇头说:"你们讲的全不对。搓麻将的味道就在一张牌摸上来，千变万化，奥妙无穷！对不对？"

"对，对对。"几个门生不住地点头。

"麻将是啥人发明的。"麻皮抠着脚丫子又问，看来他不但手气好，脚气也不错。

关于麻将的历史，一般赌徒是不在意的，特别是它的起源问题，谁会去查古书文献去考证研究呢？可是坐在黄金荣对面的白相人马祥生，正好出生于赌博世家，对麻将的发展史颇有研究。

他看看左右的师兄都在摇头不语，知道是自己显显本事的时候了，便慢条斯理地扯了起来。不愧为赌博世家，把麻将牌的由来，忽悠得头头是道，逗得麻子金荣不亦乐乎。至于麻将牌到底是怎么来的，因与本文关系不大，我就不打出来了，有兴趣的自己去搜。

黄金荣干脆停下出牌，高兴地说："阿祥，你赌博的门槛精，以后法租界的赌捐统统归你管。我自家也要开一片赌场，干脆开得大一点，花样多一点，让上海滩、杭、嘉、湖、无锡、苏州、南京的大佬都高兴来白相。你看怎样？"

马祥生投到黄麻皮门下的目的，就是想利用黄金荣的势力在上海滩开几片大赌场。现在听到老头子当面任命，他心里的那股高兴劲儿就甭提了。

马祥生马上站了起来，离开椅子向黄一拱手，当即把这桩买卖敲定："师父，一言为定。我保证每天给您弄百来两银子。"

"那好，我一定把这生意全交给你。"黄金荣也十分爽快。

果然，在此后不久，黄金荣的几家赌馆纷纷挂牌，其中"商州会馆"的牌子最响，利润也最丰厚。

"商州会馆"是一座三层楼式的赌场,位于公共租界与法租界交接的四马路同西藏路交叉的一条弄堂里。门口五六个彪形大汉镇守着,他们身上都带着家伙。底楼摆开十多桌牌九,每桌角头上有个抽头人,谁赢向谁抽头钿。二楼是轮盘赌台,台子一端坐着几个花枝招展的女庄主——这些人都是顾小茜在土山湾孤儿院训练出来的,她们笑容可掬地向围在赌台边的赌客们暗送秋波。三楼是叉麻将与打沙蟹,每夜输赢很大,往往是几千上下。

从底层到三楼,每层都有酒吧、餐厅以及睡觉的房间,这种房间是按钟点收费的,为变相的妓女准备,也为抽大烟的服务。在酒吧间与餐厅里,还有自杀用的安眠药出售。

大赌场内光怪陆离,什么都有,吃喝玩乐,烟酒嫖赌,一条龙服务。人们说这是向世界著名赌城摩洛哥学来的,时人称为"小摩洛哥"。它们的经理是马祥生,真正的老板却是黄金荣。

"小摩洛哥"不仅吸引着上海滩的赌棍、赌鬼,而且杭、嘉、湖、苏州、无锡、南京的豪商赌客们也腰缠万贯,纷纷来搏一输赢。不到三个月,公共租界上、南市与虹口中国地带的许许多多赌场、赌馆、赌摊生意清淡,门可罗雀。

俗话说:一山不容二虎,除非一公一母。当时,上海滩的大流氓各霸一方,都有自己的地盘作为生财之道。"小摩洛哥"一兴起,无疑是抢了别人的生意,打了许多人的饭碗,惹得很多人心里很不爽。

首先起来与黄金荣叫板的是英租界大流氓范开泰,诨名"乌木开泰"。

乌木开泰是做乌木生意的，专做乌木筷子、砚匣、果盒、茶盘等物品。后来他与强盗金绣勾搭成奸后，又把侄子范回春介绍给金刚钻阿金，作了她的上门女婿。

强盗金绣与黄金荣的老婆林桂生虽然情同姐妹，都属于"十姐妹"女流氓团伙的成员。但乌木开泰很看不起黄麻皮，认为他是"空子"开堂，不成体统，觉得鄙视他是每个公民应尽的义务。当年黄金荣开香堂请他捧场时，他竟置之不理。由此，两人结下了冤仇。

现在，黄金荣开了几家大赌场，融"吃喝嫖赌"为一体，吸引了大批赌客。这等于抢了乌木开泰的饭碗，因为乌木开泰在英租界也开了一家赌馆。于是，他恼羞成怒，演出了一场轰动上海"黑吃黑"的大戏。

2、江湖中流行"黑吃黑"

有一天傍晚，门生金廷荪（小名阿三，是黄金荣贩鸦片烟土的得力助手）哭丧着脸，来向黄金荣讨救兵，说有两箱鸦片在北站外边被乌木开泰的人截住，双方正在混战。看来人手不够，要吃亏，得放几彪人马救援才行。

黄金荣听后哈哈大笑起来，说："阿三，你手底下这批人统统是饭桶。碰到乌木这批东西，把我的牌子一亮，还不让你们过？"

"师父，不提你的大名还好，一提，这些乌龟王八蛋什么话都骂出来了。"

"他们骂我什么？"

"这……"

"讲呀！"黄金荣虎起麻脸，瞪着铜铃般的大眼珠子，吼道。

"他们说你的长相，影响了他们的健康成长，他们想到你，心情比上坟还要纠结。"

"砰"的一声，一只茶杯甩在水门汀地上，麻脸发飙了！他咬着牙骂道："妈的！这批猪猡想来挑战我的个性，那我一定让他们死得很有节奏感！"

说完，他站起来便要亲自出马踏平乌木开泰。金廷荪马上上前拦住，说："师父息怒，也用不到您大驾亲征，只需就近调些兄弟，把货抢回来，将那些婊子养的抓来，任你发落就是了。"

黄金荣想了一下，觉得也对，那么到底派谁去呢？

这时期的黄金荣真是家大业大，事业也铺得很开。靠近北火车站的有两支人马：一是以聚宝茶楼为据点的福生，他统率着一大批白相人进行流氓活动，占据着各大菜馆酒店；另一个便是马祥生手下一大批斗士，那是保卫各处赌馆，特别是保卫赌博重地"商州会馆"。时间紧迫，容不得他多考虑，便决定让马祥生这支劲旅出来。

黄金荣对金廷荪吩咐道："传我的话，阿祥亲自去，多带点人，给乌木点颜色看看。踏平以后，把乌木开泰这些杂种统统捉来抽筋剥皮！"

马祥生带领一帮打手，在金廷荪的指点下，来到了北站。早已埋伏着的乌木的大批人马，一齐拥上来，双方殴斗起来。

双方正混战的时候，有个人闯进巡捕房，气喘吁吁地向黄金荣密报："黄督察员，您被乌木开泰涮了！抢鸦片是为了调虎离山，声东击西……"

"妈的！"黄麻皮霍地站起来，一手拍着脑门，喊道："金九龄，快通知福生带人去救商州会馆，越快越好。余下的人都带好家伙跟我走！"

当他们来到商州会馆，那里已被砸得一塌糊涂。几个妖艳俏丽的女庄主已被撕破衣衫，蓬头垢面，摔倒在地。门口两位守卫大汉已被打得气息奄奄，倒在地上动弹不得。许多伙计也被打得鼻青眼肿，一时爬不起来。

赌窑里的钱财被抢劫一空，门窗玻璃、桌凳橱柜砸成齑粉，黄麻皮顿脚大骂了一通。

北站的殴斗实际上只持续了个把钟头，公共租界方面的流氓尽是些小喽啰，他们虚张声势，鼓噪对抗了一阵以后，拍屁股就跑。

马祥生与金廷荪一帮人哪里肯轻易罢休，跟在屁股后面猛追，抓住了几个，夺回了两箱鸦片，这才算得胜回营。他们也万万没有想到，他们被乌木耍了。

已是半夜十二点了，黄金荣铁青着脸坐在一堆破烂桌柜前，审问了一通"俘虏"，心情逐渐平静下来，然后作出决定：三个

"俘虏"统统放了。他又让金九龄取来十五块龙洋,亲手发给每个被抓的人五块,说是供他们养伤之用。

这些一反常态的举动,令底下的徒弟很不理解:他这唱的到底是哪一出啊?金廷荪问:"师父,这个仇不报了?我可咽不下这口气!"听金廷荪这么一说,其他徒弟也齐声附和着。

黄麻皮扫了他们一眼,说:"报仇要抓大头,我的死对头是乌木开泰这小瘪三。这些小喽啰你抽了他们的筋,剥了他们的皮,也解不了我的恨。这趟吃瘪怪我脑子进水了,不过现在我脑子抖落干了,下趟行动等我的命令。没准备好之前,谁也不要动。"

黄金荣对弟子作了这番告诫之后,又做了一番布置:让顾玉书去查清乌木开泰的情况;限马祥生在一个星期之内,重新整修好商州会馆并开张。

几天以后,报纸上登出一段奇妙的广告:

"日前商州会馆被匪徒所砸,损资百万。今已整修一新,扩大门面,增加设备,改为商州乐园,为市人消费佳处。并且,租界当局派巡捕保护游乐人员安全,欢迎各界男女惠临光顾!"

市人一看这则广告心里明白,赌场重新开张,并且有巡捕房保护,再也不用为安全问题担心。至于"扩大门面,增加设备"一事,到底怎样,许多人便想去见识见识。

马祥生也真有本事,他干脆把一条小弄堂全包了下来。这弄堂第一家开了个菜馆,可招揽更多赌客。紧挨菜馆开了家堂子,挑拣在这儿开堂子,黄金荣也是经过深思熟虑的。有些豪商阔佬进赌场前必须要和女人热络热络，才能提起精神，进入赌场"厮杀"。再说，那些赢了钱的赌客，何不乘兴嫖女人呢！

菜馆、堂子店斜对面有两间破房子还未整修，临时充作大烟馆，是瘾君子的宝地。弄堂里还有一家"活春宫"，供赌客欣赏。可以说，这个弄堂里的项目繁多，凡是能赚到钱的都开办。但弄堂里的主题思想还是以赌为主，其他均为赌而服务。

那赌场已由两个石库门，扩充到三个石库门的规模。赌的项目又增加了扑克牌（那时的时鲜玩意）、十三张、三十一点、老虎吃角子等等名堂。

在赌场的顶楼上，还增设了一个典当柜。这个柜，除了金银珠宝、地皮房契之外，还可以典当人。赌徒们要将自己的老婆孩子当掉，这柜上也照收不拒的。女人可以卖到红灯区去，孩子可以训练成各类挣钱的人。

3、流氓会武术谁也挡不住

中兴后的"商州乐园"，可谓财源滚滚，比在乌木开泰砸破之前更加"繁荣昌盛"了！而且，黄金荣懂得点"居安思危"的哲理，他的事业兴旺发达，便有人眼红咽口水，他这回可得要主动出击了。

一天晚上，黄金荣招来几个心腹门生，他从皮包里抽出一张照片，递给在座的几位，并说："这是乌木开泰的面孔，大家一定要看在眼里，印在心中，死死记牢他。"

照片上的人大约四十来岁，炮轰的脑袋还梳个雷劈的缝，左眼皮底下有一条刀疤。让人一见就想说：他爸妈要是把那十分钟用来散步该多好啊！

几个门生挨次端详清楚以后，照片又回到黄金荣手中。黄金荣把照片摔在桌子上，又介绍了乌木集团里的另外几个人的情况：

"花玉椿，绰号叫'象牙回椿'，是个鸦片贩子。还有一个苏嘉寿，是只老狐狸，捣我们的商州会馆全是这孙子出的主意。要捉住这三个东西，现在正好有一个机会——连奎，你向大家透透这个情报。"

英租界巡捕房探长陆连奎这时已是黄金荣的人，是他安插在英租界的耳报神。今日他探得一个消息，急忙赶来禀报老头子。

原来，俄国人兴建了一家电影院，定在后天下午三点开张，首演《黑衣盗》。英租界巡捕房发了几张请柬，乌木开泰、象牙回椿、苏嘉寿几个享头每人一张。

"我们可以趁他们在去看电影的路上，或是散场以后打他个措手不及。"陆连奎介绍完情况，建议道。

"他们会不会不去呢？"马祥生问道。

"不会的，"陆连奎蛮有把握地回答，"既然俄国人请了他们，地面上的事就交给他们维持，开张那天他们是非去不可的。"

黄金荣觉得这是千载难逢的好机会，决定在电影散场以后动手,要门生们回去做准备。

黄金荣自己回到密室,打开一只手提箱,取出一支左轮手枪——当时最新式的短武器,拿在手里摆弄了一会,又放回原处。他又在一套寒光刺目的匕首包里抽出一把,翻手向后一甩,匕首闪电似的直插密室门上的靶圈中心。他转身看看,笑了笑,对匕首的锋利和自己飞刀的功夫感到满意。他走过去拔出匕首,重新插回套内,放进提箱。

突然,门铃响了——通知他有事的暗号,他关好箱盖,转身开门出去。跟班递上一封信,信上告诉麻皮,乌木他们坐的马车是乌篷草绿色车厢,赶车的是个癞子,乌木他们的老巢是四马路的十八号长三堂子。

读完信,麻皮掏出洋火擦亮,烧了。

两天后的傍晚,徐徐降落的夜幕中,两辆马车顺着四川北马路向桥头驶来。前面一辆是乌篷草绿车厢,紧跟着后面一辆是灰篷米黄车厢。

埋伏在四川路桥左右的黄帮人马,瞧见仇人,分外眼红。深秋时节,当马车奔到四川路桥头的时候,天已大黑。路上行人稀少,一切正常,没有人盯梢与追逐,于是癞子车夫减慢了车速,准备上桥……

这时,从桥对面的四川中路突然冒出一辆轻便马车,冲上大桥,直驶下来,与上桥的乌篷车擦边而过。忽然间,赶车的癞子车夫后脑勺上一震,一把飞刀插进他的生命中枢,随即倒了下来。

车厢里的乌木开泰刚看完《黑衣盗》的电影，脑子里全是金银财宝，猛然间车身一摇晃，把他的遐想全震跑了。他不满地探头出来问："又怎么啦？"

刚吐出个"啦"字，他的后脑上也着了一刀，一注鲜血顺着后颈、脊梁流下来，倒回车上，撞在花国椿的身上。

花国椿一见苗头不对，从裤腰间拔出匕首，往马屁股上一凿。原来那马失了驭手，正惊惶地站住，及到屁股上挨了一刀，全身一震，奋蹄飞跑上桥。

花国椿趴在车厢板上，见南桥头上已守着一帮人，知道已受了包围，冲是冲不出去了。于是，他从车内闪出身来，跃过桥栏杆，纵身跳入苏州河，逃得了性命。

顾玉书、马祥生各带人马埋伏在桥的北面，他们见自己的师父悄悄地来，悄悄地走，挥一挥匕首，不留一个活口，便一声唿哨，拥向第二辆车。

苏嘉寿乘的是第二辆马车，见此情景他和其余两个小伙伴都惊呆了，还没来得及掏出身上的家伙，几把匕首就插进了心窝，呜呜几声，倒在血泊中。

这边一得手，四马路十八号长三堂子——乌木的老窝也被黄金荣分派的另一伙打手端掉了。这帮人临走时，丢下一封信，警告老鸨与龟头，要想堂子继续开下去，三日内与地面上的"四老板"接洽。

四马路上各家妓院都接到同样内容的通知，意思很明白，这一带地盘上的老大乌木一帮人已倒掉了，新老大是"四老板"。

"四老板"，大名顾竹轩，名字起得人五人六的，但其本质就是个渣，帮会集团中称他为"四老板"。他原来是拉黄包车的，后来考进英租界捕房当巡捕，以敲诈勒索所得的赃款开设黄包车行，出租给贫苦的苏北同乡。后来，他又拜黄金荣为师父，成了黄门中几大台柱之一。

黄金荣这次出师大获全胜，消灭了对头，抢得了"北市"一带的地盘，他的雄心更大了。他现在不仅是法租界巡捕房的督察员，以及青帮中的老头子，还是"堂子老板"、"赌博业巨头"，更是"茶楼业、酒店业的佼佼者"。如此一来，财源滚滚而来，他终于可以在上海滩风光一把了。

4、改造住宅后蛮力夺美

吃白相饭的人，特别是到处抢地盘的人，他们的身边总跟着一样东西，像影子一样甩不掉、避不开，那就是疑心和恐惧。过去他杀了人，现在正杀着，将来还得要杀，连他自己也难以断定到底结下了多少冤家。这些记不清的冤家对头也不是好惹的，会时时刻刻计谋着要复仇的。

当黄金荣不抽鸦片、不推牌九、不抱女人、不数金银财宝、不打人杀人时，总之，在他空闲的脑子里不想别的事情的时候，这疑心和恐惧便悄悄地爬上他的心头。特别是上次，那花国椿跳苏州河逃走，下落不明，说不定这花国椿正隐藏在什么角落里，计谋着如何来算总账呢！

上面那件事情小心起来，倒也容易对付，只是前些年因为工作的关系，黄金荣曾经举报、跟踪、逮捕过在上海滩活动的革命党，这件事让他那颗小心脏承受不了了。

与革命党人结仇，在以前是不必放在心上的，可是近来形势大变。黄金荣窥测方向，觉得革命党的兴起，已无法抗拒。所以，他赶紧主动与革命党人陈其美拉上关系，让陈也加入青帮，以便将来有个靠山。

形势说变就变，转眼间清朝政府已被推翻，中华民国已建立了，革命党人会不会因为以前的事来报仇呢？

一件件，一桩桩，黄金荣不得不防。防得有道，先要从住家防起，他开始大规模地改造自己的住宅。

黄公馆原是两层楼的石库门独家住宅，现在黄金荣已升至巡捕房督察员的高位了，官做大了，又加上这些年来财也发得不亦乐乎，公馆是该扩充一番了。

于是，他将自己的左邻——也是一家石库门二层楼房吞并了过来，两家合成一家，但门面上并不打通，只在两洞石库门前各自加上两道铁门。从外表看，这是两幢不相连的房子，可是在内部却有道暗门，把两幢房子连成一处，并且全部翻造成三层楼。

黄金荣的卧室和密室在二楼，这二楼的上下楼梯也造得别出心裁，只要一按开关，楼梯会突然从中间断开，底楼无法上去，三楼下不了。另外，他在卧室里还修了个机关，打开三站橱后在某处一按按钮，一道小门轻轻开启。门开后，可以通到隔壁一幢房间，也可以直上三楼的晒台，翻屋而出。

那么他的右舍呢？当然也容不得外人在旁窥视黄府的活动。于是他把这一幢石库门房子也买了过来，让已经当了寡妇的小妹等人居住。既是自己人，又不是黄府的一家，多么精心的安排啊！

住在修整后的房子里，黄金荣对林桂生越来越没有兴趣。这老娘们终日沉湎于鸦片、麻将，越发变得黄皮苦面，像一只脱掉羽毛的癞痢鸡。就她这个样子，那真是看背影急煞千军万马，转过头吓退百万雄师。所以，黄金荣对徐巧慧的夺美之心更强烈了。

有时，徐巧慧正好抱着小福全，黄金荣就走过去，伸出手，嘴里说着"来，让爹爹抱抱"。他一边装着抱孩子，一边就趁机把手塞进巧慧的怀中，让自己的手尽情感受一下巧慧丰满的胸脯，把个徐巧慧羞得满脸通红，坐立不安。为此，后来当黄金荣再伸着手向她怀中抱福全时，她就忙不迭地托着福全往前送，让福全远离自己的胸脯。

酷暑盛夏，巧慧只穿一条单布裤，鼓鼓的屁股包裹得像一只熟透的大桃子。黄金荣两眼发光，有时做贼似的出现在巧慧身后，装作逗儿子玩，猛地把巧慧连同儿子一起紧紧搂在怀中。

这天，徐巧慧外出为小福全请郎中，回家后刚走进自己的小耳房，那桩令她最担心、最害怕的事情就发生了：

当时，她摸黑推开房门，刚要拉亮电灯，突然，一只散发着水烟味的大手，从黑暗中猛地捂住了她的嘴巴。与此同时，另一只有力的手抄在她的后腰上,像老鹰捉小鸡似的,把她腾空抱了起来,按在了竹榻上。

突如其来的巨大恐俱,吓得徐巧慧魂飞魄散,浑身虚脱,她想喊,无奈喊不出声;她想反抗,恐惧又震得她全身筛糠般颤抖。昏天黑地中,那个喷着一嘴酒气的"强盗",三下五除二地剥去她的衣衫,山一般地整个压在她身上……

"不!"徐巧慧终于清醒了过来,她拼命地扭动着身体,从对方的指缝里吐出一个字。可是,如狼似虎的对方那张宽厚的大嘴巴,又堵住了她的嘴。

情急中,徐巧慧奋力一蹬,踢翻了架在竹榻下的支架。顿时,"轰隆"一声巨响,竹床与床上的人一齐倒地。

楼下异常的声响,终于使楼上的林桂生警觉起来,她喊了一嗓子:"巧慧!"

楼下传来的只是竹榻异样的摇晃声。

"还不快下去看看!"林桂生要照顾病中的小福全,只好向一边的娘姨命令道。

"哎。"娘姨得令,战战兢兢地下了楼。

可是,等她来到耳房,拉亮电灯时,一切都已迟了,只见徐巧慧披头散发,衣衫凌乱,横卧在地上,哭得稀里哗啦……

5、想破大案就得敢玩命

第二天,黄金荣回到家,正好碰到徐巧慧满面泪水,挽着一只包袱要走,一个娘姨拦着她,不让她出门。见到黄金荣,徐巧慧是恶心他妈给恶心开门——恶心到家了。

"巧慧,你有什么不开心的事?"黄金荣假惺惺地关心道。

"昨日半夜,有人躲在她的房间里,睡了她!"林桂生气得直跺脚,两眼像两把尖刀似的直剜向她男人,"此地是堂堂巡捕头头的家呀,居然也有人敢闯进来祸祸人,你讲,你的脸往哪放?你应该怎么办?"

黄金荣晓得妻子在玩哩格楞,所以不慌不忙,冷冷一笑,问:"强盗捉到了没有?"

"没有!"

"你们当夜没有捉到,今朝我有什么办法?我又不是孙猴子,也搬不来救兵!"黄金荣一转身就想溜。

"看来,只有请巧慧走了。"林桂生一声冷笑。

"为什么?她又没有犯法!"黄金荣还不舍得放走徐巧慧,他感到这样做有点不地道。

"犯法是不曾犯法,不过,留着这样一个人见人爱的美人坯子在屋里，早晚还是祸根。"林桂生终于说出了自己的想法。

"不能这样做！巧慧这一走，岂不是向左邻右舍广而告之，说我们欺侮了她，逼得她不得不走人吗？"

"那，你看怎么办？"林桂生急等下文。

"我黄金荣太湖强盗也捉得住，不要说这种小小的芝麻绿豆案了。此事交给我，让我亲自来破，这下总可以了吧？"狡猾的黄金荣施起了缓兵之计。

"可是，我担心以后还会发生这种败坏门风的丑事！"林桂生步步紧逼。

"我保证，从今以后，在我们家中再也不会有人祸祸巧慧了！"黄金荣被逼无奈吼出这句话。

林桂生就等黄金荣表态呢，现在她见目的已经达到，就皮笑肉不笑地对徐巧慧说道："巧慧，黄先生的话你也都听到了。你也暂时不要走，等以后再说，好吗？"

徐巧慧早被黄金荣那副凶神恶煞的样子吓懵圈了，她晓得，黄金荣这人脱了衣服是禽兽，穿上衣服是衣冠禽兽，他是什么事都做得出来的。现在自己真的坚决离开这里，黄金荣是要翻脸不认人下狠手的。想到这里，她低下头，只是抽泣，不再言声了。

这时，门外传来"笃笃笃"几下敲门声，黄金荣皱起眉头，说了句："进来！"

进门的是黄金荣的贴身保镖，也是他的徒弟。此人说："巡捕房派人来，要师父马上去一下。车子等在门口。"

黄金荣不敢耽搁，匆匆忙忙赶到巡捕房。徒弟金九龄早已候在门口,等黄一到,便领他到写字间,告诉他了这么一件事:"督察,暗杀宋教仁的凶手已探到,就躲在我们法租界,总监要您亲自带人去抓,千万不能让他溜掉。"

"怎么个情况?"黄金荣问。

金九龄把案子的来龙去脉,向师父说了个大概。

宋教仁是国民党大佬,三月中旬袁大头向他发出急电,邀请他到北京去,共商改组政府的事。他来到上海北火车站检票处门口的时候,猛然间从背后打来三枪,正中左背,穿入前胸。车站顿时大乱,刺客乘机逃跑。宋被送到沪宁铁路医院,抢救无效死亡。

黄兴、陈其美、于右任等人不干了,要求租界当局尽快缉获凶手破案,并悬赏一万元。沪上一班巡警、包打探都想发财,昼夜侦察打探,两天后,终于探出了凶手的踪迹。

二十三日晚间,英租界巡捕房打电话给法捕房,说是抓到了一个叫应桂馨的人,可能与宋教仁血案有关。英捕房要求法捕房明天早晨派人去搜查他的家里,希望能找到一些证据。法捕房把这重任交给了黄金荣。

黄金荣是办案子的老手,他一边听金九龄的情况介绍,一边发命令集合人员作准备。不到二十分钟,已将应桂馨家团团包围住。

应宅的客厅里正有几名男女,见巡捕们一拥而入,个个惊慌失措,神色仓皇。

黄金荣见状,高喝一声:"不许动!"

只见一个身材矮小的男子,扭头撒丫子就蹽,黄金荣立即拔腿追赶。

应家客厅后面有一条长长的走廊通往厨房，厨房之后是一个小小的天井，连接着高逾丈许的后墙。这一路没有一线灯光，黄金荣凭听觉感到那孙子穿过厨房，准备翻墙逃跑。黄金荣暗中作了准备，待他纵身扳上墙头之时，黄金荣一个箭步蹿上去，几乎捉到了他那两只悬空的脚。

那货也不是白给的，一个引体向上，左脚一跨，便越墙跳到墙外的地上。黄金荣身体微胖，连跳三次才爬上围墙。借着微弱的天光，他看见那货已经从地上爬了起来。黄金荣情急生智，站在墙头上纵身向下一扑，恰巧扑在那货的身上。

那人虽被黄金荣按在地上，仍做困兽之斗，幸亏黄金荣的助手赶到，齐力把那人制服，押回客厅。灯光下，黄金荣一眼看去，顿时想起一张熟悉的面孔，冷笑道："你叫武士英！"

那人身体震了一震，却仍在竭力掩饰："我不是武士英！"

黄金荣把脸一沉，喝道："淘气！你明明是武士英，你忘记啦？今年2月，你买了三颗葱，偷拿了两头蒜还嫌不够，卖葱的钱也没给。在法巡捕房里，你不是吃过几天窝窝头吗？"

至此，武士英无话可说，只得默默地低下头去。

解到巡捕房，黄金荣直截了当地审问道："是谁指使你刺杀宋教仁的？"

"应桂馨。"武士英招供道："他给了我1000块钱、一张照片、一支手枪和六颗子弹，让我到北火车站刺杀宋教仁。"

黄金荣得到这些口供以后，立即又带探长与几个华探再次去应宅搜查，抄出五响手枪一支，枪内弹夹中还有两颗子弹。子弹送到铁路医院一比较，弹头与从宋教仁身上取出的完全一样。这下除了人证之外，又得了物证。

6、不要命的劲头我喜欢

法租界巡捕房总监得到刺客、口供、凶器三大件以后，乐得合不拢嘴，高兴地拍着黄金荣的肩膀，夸奖说："你干得像样，我要为你请功，提升你！"

"全仗总监栽培。"黄金荣心里蜜甜蜜甜的。

"快拉倒吧，别扯那些用不着的了，你有几把刷子，老子还是很清楚的。武士英的关押全交你负责，小心，切不可捅娄子。"

"总监放心，我心里有数，什么幺蛾子也不会出。"黄金荣挺着胸腔保证道。

后来，应桂馨托人打听到武士英落网情况与招供事实，又摸清了看押武士英的总负责人是黄金荣以后，便让人把五千两银票偷偷地送给黄金荣。买通黄以后，应派人与武士英见面，逼武翻供。所以后来到英、法、中三堂会审时，武士英推翻前供，只说杀宋教仁是自己一人干的，并无第二人指使，与应桂馨无关。

其实这刺杀的主谋是民国大总统袁大头，应桂馨不过是具体执行者。后来在民国政府的要求下，将武士英由法捕房引渡给上海检察厅关押。不到三天,看守所长呈报:"凶手武士英自杀撞死了。"

宋教仁案件就这么不了了之,黄金荣悄悄地拿到应家的五千两白花花银子外,又得到法捕房的奖赏。

处理完宋教仁案不久就到了农历四月初八,黄金荣高兴地带着林桂生、福全到上海古刹静安寺去看"浴佛节"。

小福全根本不关心爸爸带他去哪儿,只是瞪着一双天真的眼睛,一会儿看看这儿,一会儿看看那儿。黄金荣挽着林桂生,他们俩已经有段日子没一块上街了,此刻林桂生挽着丈夫、拉着儿子,心里有说不出的满足。做女人的,到了她这个年纪,想的也就是这样一份安定的生活了。

黄金荣给福全买了几包瓜子、花生、粽子糖,福全乐呵呵地在怀里吃开了。

转了有一阵子,福全喊渴,要水喝,黄金荣就带着他向附近一个水果摊走去。摊主穿一身黑色短衫裤,裤子上有几个洞,脸干瘦干瘦的。明明是个强人,天生一副熊样!他手里拿着一把削水果用的刀子,看着来往的人流,不停地吆喝:"梨子甜,苹果香,解渴生津赛神灵!"

黄金荣饶有兴致地看着,福全耐不住口渴,已跑到摊前。

"小兄弟,吃个啥?"摊主问福全。

"梨子!"

"好哩!"摊主拿起一只大梨,水果刀在抹布上擦了两下,一边逗福全说话,一边削梨子。

"小兄弟，这'浴佛节'好玩吧！"

"嗯！"

说着，摊主把一只削好的梨子送到福全面前。后面的黄金荣不由得暗暗叫好，谈笑风生间竟能把水果削好，真是功夫！忽然，他想起该付钱了，忙走过去付钱。

就在黄金荣刚要动脚时，一群瘪三挥舞着大片刀向这边冲来。黄金荣一时没反应过来，呆站在那儿，摊主眼疾手快，一把抱起福全扔西瓜似的朝黄金荣抛过去："接着！"

黄金荣伸手接住福全，他早已吓得哇哇大哭。摊主从水果筐下抽出刀子挥着，迎了上去，一时间刀光血影。

黄金荣把福全交给林桂生带着，自个儿留下看热闹。但见那黑色的身影上下翻飞，左右逢合，一人抵七八个，竟没让对方占半点便宜。黄金荣暗自叫好：这小贩威武！

这时，水果摊主身上已中了几刀，鲜血直流，他全然不顾，奋力厮杀。这时一群巡捕吹着哨子跑来了，小瘪三们叫了声"不好"！四散逃去。

黄金荣三步并作两步，上前扶起瘫倒在地的水果摊主。

"小兄弟，没事吧？"

"我，我还能挺住。"水果摊主已变成了血人。

这时几个巡捕冲过来，说："敢闹事，带回去！"

"慢着！这是我的兄弟，我看谁敢动！"黄金荣一挺身，拦住了巡捕。

"啊，黄督察，误会，误会！来人哪，快把他送医院去！"一个巡捕看出是黄金荣，马上满脸堆笑。几个巡捕上前七手八脚

地把水果摊主抬上警车,朝医院开去……

白色的四壁,白色的床单、被褥,水果摊主惊呆了。

"这是哪儿?我死了吗?"他问。

"你醒了,小兄弟!别怕,这是医院。"一张麻皮脸闪进水果摊主的眼帘。

"哦!"水果摊主慢慢想起了昏迷前的情景,他惊愕地问:"你是大名鼎鼎的黄督察、青帮老头子?"

"小兄弟,你也留个名号吧!"黄金荣笑着问。

"我?我有什么名号啊,我叫杜月笙,还有个诨名叫'水果月笙'。"

"因为你那削水果的真功夫,对不对!"

"嘿,就是这样!"杜月笙孩子似的傻笑着。

"不过,小兄弟,你怎么得罪那么多人啊?玩命,要在有命的情况下才能玩,命都没了,拿什么玩啊!"黄金荣继续说。

"嗨,老头子我也不瞒你!锡箔商人张啸林让我给他保护货物,'得人钱财,与人消灾'嘛,我自然尽心尽力了,就得罪人了,这不,算旧账来了嘛!"杜月笙轻描淡写地说。

黄金荣点点头,心想杜月笙如此机灵,干起事来又有种不要命的劲头,豁得出去,是块材料。于是他说:"小兄弟,我看你是块材料,我手底下还真缺你这么一号,怎么样,过来跟我混吧?我包你大金链子小手表,一天三顿小烧烤。"

"那,那,那小的拜过先生了!"杜月笙翻身下床,扑通跪倒在地,血顺着刀口流了下来。

"快起来！"黄金荣忙将杜月笙扶到床上，拍着他的肩膀说："小兄弟，以后有事儿就提我，看看谁还敢再欺负你！"

7、一对亲密无间的合伙人

杜月笙在医院养好了伤，就搬到黄公馆居住了，成了黄金荣的手下。一切打点停当，杜月笙抽空跑回以前的住处去见张啸林，他要把这一切告诉他。

张啸林原名小林，乳名阿虎，后来更名为"寅"，以啸林为号，大概取意于虎啸山林的意思。他出生于浙江慈溪，早年随父迁居于杭州，曾经进过浙江武备学堂，没有毕业，趁时局混乱之际成为兵痞。后来，他在杭州拱宸桥一带开爿茶馆，聚赌抽头，结交一帮地痞流氓，专事寻衅打架，成为一霸。

有一天，张啸林在朋友家吃了几杯喜酒，心头已有三分醉意。在回家途中他行到拱宸桥附近，看到有几个人合力殴打一个人，便上前劝说。那几个人看到张啸林多嘴，就不问青红皂白，围起他打了起来。张啸林原是练过拳脚的，什么场面没经过，见三人打来，一脚踢去，正踢中一个人的睾丸，那人当场倒地嗝屁了。他知道闯了大祸，连夜离家逃往上海。

逃到上海后，张啸林就在小东门外东昌渡一带码头上混。在东昌渡码头，张啸林最初是与杭州锡箔船商打交道的。因杭州锡箔船商见张啸林在码头上的流氓帮里有些路子，就和他商量，为保护每船来货在码头上不受损失，愿按来货所值拿出若干，作为保护费。

张啸林见有油水可捞，就在十六铺码头上的流氓群中寻找合作者，结果和杜月笙相识，成了亲密无间的合伙人。他俩在一起，连眼神都用不交流，就知道对方要干什么，甚至一个人张嘴另一个人就看见他盲肠了。

再说张啸林这几天突然找不到杜月笙了，觉得有些奇怪。他不相信这小子会独自溜走，但两天之后还是没找到杜月笙，他不得不相信这小子确实蹽了。

"这小子太不靠谱了！"张啸林很上火，尿黄了两三天。就在他余火未消的时候，杜月笙站在了他面前。

"你这小子，这些天到哪儿快活去啦，还回来干什么！"张啸林见杜月笙回来了，内心愤怒一扫而光，可脸上还装出生气的样子。

"大哥，让你担心了，实在对不起。告诉你，我走运了！"

"捡钱了还是赢钱了！"

"我遇到黄金荣了！"杜月笙兴奋得话音都走了样。

在当时的上海滩，黄金荣三个字老霸道了。人人都知道此人财势绝伦，八面威风，相当牛叉。他住的同孚里一带人来人往，门庭若市，个个趾高气扬，人模狗样，不知引得多少白相人的羡慕嫉妒恨。

"黄金荣？"张啸林疑惑地望着杜月笙，他猜想会有什么事。

"对，我投到他的门下，成了黄公馆的人了。"

"什么？你成了黄公馆的人？就这几天？这怎么可能！"

"我在黄公馆已住了两个晚上。"

张啸林想起了法租界里的那三层楼房，那里面住的可都是在上海滩叫得响的人物。他曾有几次走过弄堂门口，却总是远远探望两眼，不敢越雷池半步。现在杜月笙这小子竟住进去了，他难以相信。

于是，杜月笙把事情从头到尾对张啸林说了一遍，张啸林这才相信杜月笙真的进了黄公馆，高兴之中不免流露出羡慕嫉妒恨的神情。

杜月笙一见张啸林这样，忙安慰他说："大哥，我在黄公馆好好干，过段日子我带你进去，怎么样？"

杜月笙话刚说出口又有些后悔，他怕伤了张啸林的自尊心。这张啸林却顾不得什么自尊，听了之后，顿觉高兴，忙说："就这么讲定了，我们有难一起当，有福一起享，等你回话。"

于是，杜月笙辞别了张啸林，回到黄公馆忙自己的去了。

在黄公馆，杜月笙每天都跟在黄金荣身边作为贴身跟随。那时，黄每天早上要到他开设的聚宝兴茶馆坐上一两小时，名为喝茶，实际上是包揽官司、敲诈勒索。比如有人被巡捕房拘押了，或两帮流氓争夺一笔买卖，或者有人被打被绑，要找黄老板解决，就得到那里去。在那里，人们就可以看到杜月笙总是拿着大衣、皮包，随侍在侧。

黄一回到家里，杜月笙又在黄公馆里巴结桂生姐。几个月后，这哥们发现，掌握黄宅大权的，不是黄金荣，而是桂生姐。杜月笙是何等乖巧之人，便改攻方向，在师母身上用起功来。

桂生姐每顿饭后，杜月笙就送上削得滚圆雪白的梨子或苹果；桂生姐抽鸦片烟，他就打出不大不小、不长不圆的烟泡；桂生姐打麻将，他在一边出主意、使眼色，递毛巾擦脸。甚至桂生姐洗完脚，他也会抱着那小脚指修趾甲、涂趾甲油。

苍天不负苦心人，半年下来，杜月笙终于博得师母桂生姐的欢心。她觉得这小子很靠谱，开始给他外派差使，叫他去黄金荣开的共舞台戏院收盘子钱——当时戏馆里的前座和花楼包厢座位前，除香茶外还摆上果品，供观众享用，你吃不吃都得付钱，而且价钱昂贵。这是一笔好收入，行话叫盘子钱。接着，桂生姐又派他到红灯区去取月规钱，到赌场去"抱台脚"。

杜月笙收到这些钱款后，当即回黄宅，把款子如数上交师母，分文不差。久而久之，桂生姐就把他视为心腹：这小子，事儿办得漂亮！

8、这小子还真是把好手

这天傍晚，一辆汽车驶进黄宅，黄金荣走下汽车进了房门，林桂生笑吟吟地迎了出来。

"福全呢?"黄金荣疲倦地坐到椅子上。

"让月笙带出去玩了,"林桂生端过一杯热茶,说:"这小子还真有眼力见,每天站在我房间的门后面伺候着。一旦有个什么事,他跑得最快了,干起事来也麻利得很,脑子灵光,主意多得一箩筐一箩筐的。"

黄金荣点点头,说:"我一时找不到缺儿,只能先让他在这公馆里屈就些日子了!"

"我看这小子是块材料,将来肯定能干大事!"林桂生对杜月笙十分满意,越说越来劲儿。

"怎么?他很讨你欢心吗?"黄金荣逗了一句。

"死东西,你吃什么醋!"林桂生瞪了黄金荣一眼,黄金荣不禁哈哈大笑。

"哟,原来是师父回来了,我说师娘咋这么高兴呢!"杜月笙走了进来,小福全笑嘻嘻地骑在杜月笙的脖子上。

"爹、娘,月笙哥给我讲故事了,可好听了!"杜月笙把福全放了下来,福全跑到林桂生身边,撒着娇。

"月笙啊,这段日子你就跟着你师娘熟悉熟悉情况吧,等过段日子,你可就得大展手脚啰!"黄金荣笑着对杜月笙说。

"多谢师父!"杜月笙一拱到地。

这时家人已将饭菜摆上,黄金荣一家加上杜月笙等几个家人围坐桌旁,边吃边谈。一个麻面娘姨在旁边忙来忙去,她便是用热油自残的徐巧慧。

原来,徐巧慧为了彻底断绝黄金荣对自己的邪念,也为了永远依傍在林桂生身边吃口安逸饭,就下狠手用热油自毁了姣好的面容。果然,她这一超乎常人的坚毅之举,强烈地震惊了林桂生,引起了桂生姐对她的好感与信任。同时,她这张丑陋的面孔,也使黄金荣退避三舍,不再想入非非了。

从此,徐巧慧不但获得了一个安定可靠的人生归宿,而且取得了林桂生极大的信任与重用。举凡林桂生需办理的要事大事,都交给了徐巧慧,就连平时一些儿女私事,林桂生也与徐巧慧商量。

吃过晚饭,黄金荣叫杜月笙到他的书房去一趟。杜月笙不敢怠慢,赶忙上楼。

走进书房,杜月笙见黄金荣坐在椅子上,正慢悠悠地吸着烟,就问:"师父,不知叫小的来有何吩咐!"

黄金荣没说话,指指桌子上的一张照片。杜月笙拿起照片端详了半天,疑惑地问:"这不是花国椿吗?师父你……"

"你觉得呢?"黄金荣连眼皮都没抬。

"这花国春是个鸦片贩子,手上有几条道道,师父莫不想吞并了他吧?"杜月笙试探着问。

"对!"黄金荣一拍桌子,"果然冰雪聪明!让你猜个正着!"

"师父想把任务交给我吗?"杜月笙早就想找个机会火一把,向大家证明:你们甭整天鼻子不是鼻子、眼不是眼的,老子也不是吃干饭的。

"哈哈,你小子猜得不错,俗话说'养兵千日,用兵一时'。

你在我这府上的日子也不短了，不能总干些婆婆妈妈的小事情，否则怎么会有大出息？"黄金荣发自肺腑地说。

"师父信赖我，我不会辜负师父的！"杜月笙拍着胸脯说。

"那你下去吧！有了花国椿的消息我通知你。"

"是！"杜月笙一转身向门口走去，就在他转身之际，他看见一条黑影在窗子上一闪。

"师父，我还有个疑问！"杜月笙突然回身，朝黄金荣走去，将到窗口，他突然扬起左手，飕——一只飞镖甩了出去。"哎哟——"一个黑影应声倒下，倒栽葱似的跌进屋里。飞镖打中了他的大腿，鲜血滴答滴答地往下淌。

黄金荣被这突如其来的一切整懵了，那黑衣人突然拔出手枪，冲着黄金荣就是一枪。幸亏杜月笙手疾眼快，身子一横拦下了子弹。子弹正中杜月笙的左臂，杜月笙顾不上伤痛，上去就是一刀，正中黑衣人的胸口，那小子当时就死了过去。

枪声惊动了其他人，家人纷纷拥进书房，一看黄金荣没事儿，大家都长出了一口气。

"快送月笙上医院！"黄金荣吩咐。

杜月笙伤的不重，一个星期后顺利出院了。这回，黄金荣对他更是高看一眼了：这小子还真是把好手。

杜月笙一出院，黄金荣就带他到聚宝兴，摆了一桌酒给他压惊。席间，黄金荣告诉杜月笙，经过一段时间的打探，终于发现了花国椿的踪迹。他改名换姓，在提篮桥那儿开了一家丹凤茶楼，生意十分兴隆。这孙子正在收罗党徒，积蓄力量，准备东山再起,上次那刺客很可能就是他派来的。

黄金荣是奉行"无毒不丈夫"的信条的,不过,要"毒",也并不是非用拳头、刀子、手枪不可,还可以用别的方式把花国椿栽到花盆里,让他也知道知道什么是植物人!

这一天,丹凤茶楼来了两位贵客,为首的正是杜月笙。

杜月笙上楼走进老板房间,往椅子上一坐,猛然问:"喂,花老板,别以为你改了名字,我就认不出你了啊!你跟我老婆睡觉了,你说怎么办?"

花国椿听到此话,大吃一惊,手足无措。确实在前天晚上,他同一个漂亮的女人睡了一夜。

"如果我知道她是你的女人,我会远远避开她的。"花国椿看清了来人原来是杜月笙,便结结巴巴地说道。

其实,正是杜月笙将一个妓女推入姓花的怀抱的,这是做好的圈套。

在黑社会里,女人的问题有两种解决办法,一是金钱,二是刀子。花国椿心想好汉不吃眼前亏,应付过眼前的窘境再作道理,便爽快地答应用钱赎罪。

"那好,你必须把这个店分一半给我。"

"这不是敲诈吗?"花国椿十分心疼。

"你别给脸不要脸啊!"杜月笙一脚踢翻了凳子。

"好,好,我答应!"花国椿没招了,只能打掉门牙往肚子里吞了。

杜月笙得到满意的答复,扬长而去。

花国椿以为万事大吉了，可是幕后黄金荣的那只带毛的黑手伸进了酒店，紧紧攥住不放。

在这个饭店里，杜月笙建起了黑窝，如同自己家里一般，慷慨大方地招待同伙，花天酒地地吃喝胡闹，顾客们再也不敢登门了。不到一个月，丹凤楼就倒闭了。花国椿终于破产，无奈逃出上海。

9、给张大帅支了一招

经过挡子弹、挤走花国椿这两件事，黄金荣对杜月笙的出色表现十分满意。这天，杜月笙来到黄公馆。黄金荣正和几个朋友打牌，杜月笙便在一旁候着。牌局散了之后，杜月笙把张啸林的事告诉了他。黄金荣答应可以见一下此人。

于是，杜月笙为张啸林准备了一份厚礼，择日去拜见黄金荣。黄金荣见了这么厚的一份拜师礼，又是杜月笙引见，就高兴地收了这个徒弟。

拜师后，黄金荣摆出一副老师架子，关切地问道："啸林，你到上海有什么打算呢？"

张啸林毕恭毕敬地说："我到上海，人地生疏，恳求老师指点，赏碗饭吃。"

黄金荣觉得这人是个十足粗坯，不觉有点踌躇，又一想，反正自己手下弟兄如麻，也不多他一个。他说："上海这个地方条条马路都有我的手下人，我看你跟我一个徒弟在那里管管事，如果有什么为难处，你只管来找我吧！"

张啸林跟着师兄住下一了解，才知道"管管事"，就是向马路小贩和过往的外地客人敲竹杠，对一些商店"摇颜色"，要他们每月出点血。一条马路由几个"兄弟"包下来，日子还过得不差。

张啸林原在杭州也是这种青皮流氓，不过他那时没有老头子，闹出事来只好自认晦气。这次有师傅撑腰，上海又比杭州繁华得多，只要脸厚手辣，没本钱的生意有什么难做呢？从此，张啸林就在上海法租界的马路上"立足"了。再加上他身材魁梧，膂力过人，凶狠毒辣，又自比为奉系军阀张作霖，于是小喽啰们也凑趣捧场，称他"张大帅"。

渐渐地，黄金荣觉得这个门徒不一般，将来会大有出息。

有一天，黄金荣召见张啸林，笑眯眯地说："啸林，有笔大生意好做，你不要错过机会。"

"我听师父的。"

"这是笔送上门的生意，无本万利。"

"无本万利？"张啸林来劲了。

"我打探到一个好消息，"师父这会儿慢条斯理起来，"在你地面上有爿旅馆的老板死了，剩下一个年轻的老板娘在应付门面，你先去帮她一下，慢慢地将店捞过来。"

师父一点拨，徒弟心领神会，接下来两人又商量了一番具体步骤。

第二天，三马路（今汉口路）上一家旅馆门口，几个流氓拉住账房先生敲竹杠。正闹得不可开交的时候，张啸林坐着黄包车经过，三言两语把这些流氓赶走了。

张啸林正准备重新上车，忽听得背后有个娇滴滴的声音招呼："张先生，请店内用茶。"

张啸林抬头一看，认出这女人是旅馆老板娘。她年纪不过二十开外，瓜子脸，细细的眉毛，长得有几分姿色。她头上戴着一朵白花，着一身藕色高衩旗袍，显然是有孝在身的人。原来，这家旅馆的老板姓樊，上个月得了霍乱传染病死了，老板娘是给她丈夫穿孝。于是，张啸林接过茶，欠欠身说："谢谢老板娘！"

樊家老板娘笑着说："张先生说哪里话，请你都请不到，你在我门口坐坐，我就沾了你的光了！"

张啸林不解其意。老板娘叹了口气，说："这年头做女人真难，做一个没有男人的女人更难，你开放点人家说你骚，你传统点人家说你装。那些南来北往的客商，天天上门盘查的军警，还有找岔子敲竹杠、打'秋风'的，闹得我三天两头不得安宁，六神无主。恨不得把店关了，回老家杭州去……"

"樊嫂嫂是杭州人？"

"我们全家都是。"

张啸林一拍胸脯说："你我是杭州同乡，嫂嫂有什么难处，只管吩咐，我尽力帮忙照应。"

老板娘转忧为喜，赶快央求："张先生，看在同乡分上，麻烦您常到店里坐坐，吃杯酒，只说您我是亲戚，别人就不会欺侮我了，好吗？"

"你放心，这点事包在我身上。"

就这样，张啸林经常去那里吃酒吃饭，那些不三不四的人就销声匿迹了。

有一天，天正落着雨，张啸林撑着一把雨伞来了。他笑着说，"这雨越下越大了！樊家嫂嫂，你大概猜我不会来了吧？"

樊寡妇一听，脸红了，说："你不要叫我樊家嫂嫂，我名叫阿莲，叫我名字好了！我给你去炒个菜，下雨天寒，喝杯酒祛祛寒气！"

菜一会儿炒好，张啸林一口口喝着老酒，樊寡妇坐在他对面痴痴地望着他。这时，屋外雨越下越大。张啸林已有七分醉意，他站起来，有点立脚不稳。樊寡妇慌忙扶住他，在喉咙底说："雨这样大，你就在这儿住下吧！"

这夜，张啸林躺在樊寡妇特意为他备下的洒满香水的床上，辗转反侧，彻夜难眠。被酒精烧得兴奋的脑海里满是樊寡妇那张小俏脸，那猩红的嘴唇，那丰满肉感的胸乳，那不时和自己挨挨擦擦的大腿。他耳听着窗外不紧不慢的檐滴声，感到身体内一阵阵焦渴，浑身就跟着了火似的。他猛地翻身坐起，侧耳谛听了一下四周，便外衣也不披，蹑手蹑脚朝樊寡妇的卧室摸去。

樊寡妇卧室里悄无声息，静得有些离奇。张啸林壮了壮胆，试着用手轻轻推了一下门，出人意料地门竟然开了。张啸林心头一颤，当下明白过来，原来门压根就没有锁上。他竭力控制住自己身体的激动，在黑暗中循着袭来的阵阵幽香向床的位置摸去……

不久，张啸林就正式搬进店里，成了这家旅店的新老板。

这爿小旅馆按照黄金荣的主意，奉行"多种经营"方针：接客、聚赌、贩鸦片。特别是后一项业务，那是最赚钱的项目，老头子交给张啸林承办，在张来说，那是无上荣光。

江湖风云**黄金荣**

五 再牛的人生也会翻车

过了两天,共舞台正上演《枪毙阎瑞生》。戏唱到高潮,露美人上场一句摇板,赢得了满堂彩。端坐在东花楼包厢里的黄金荣看得津津有味,恨不得戏马上结束,他好把露美人拥在怀里。

突然,包厢外传来一阵异样的动静,黄金荣还没反应过来,一群身穿便衣的彪形大汉便闯进门来,两只铁钳似的大手,死死抓住了他的胳膊。

黄金荣一愣,知道摊上事儿了,摊上大事儿了!

1、收了个革命党做弟子

这天黄金荣从聚宝兴出来,杜月笙殷勤地问:"师父,今儿个你去哪边啊?"

"六国饭店!"

杜月笙知道顾小茜住在那里,就含笑不语了。

"你师娘那儿……"

"师娘那儿您放心吧!"

自打杜月笙进了黄宅,这种左右忽悠的事儿他没少干,博得黄金荣信任的同时也得到了林桂生的倚重。黄金荣放心大胆地去六国饭店了,杜月笙则回到黄宅去忽悠师娘。

第二天清晨,顾小茜被一阵急促的敲门声惊醒了,她跳下床去开门,见门口站着杜月笙。

杜月笙眼前一亮,顾小茜穿着薄如蝉翼的睡衣,玲珑的身体若隐若现,一双摄人魂魄的眼睛闪着朦胧的睡意。

"这小娘们越来越有味了!"杜月笙心里想。

"哟,杜先生啊!什么事呀?"顾小茜盯着杜月笙。

"啊,我找师父有急事,烦劳顾师姐通报一下!"杜月笙比顾小茜年长,但根据入师门的先后,只能称顾小茜为师姐了。

顾小茜一甩头发进屋去了，片刻之后黄金荣踱出房门，杜月笙对他耳语了一番。黄金荣点着头说："你先到楼下等我，我马上就下去！"

过了一会儿黄金荣打扮停当，与杜月笙来到聚宝兴。

虞洽卿虞洽卿正坐在厅堂里，旁边还有一个年轻人。虞洽卿见黄金荣进门来了忙站起身。

"阿德哥！别来无恙！"黄金荣一拱手，致以最亲切的问候。

"金荣兄弟近来可好！"虞洽卿还礼。

二人入座，杜月笙连忙捧上香茶。

"阿德哥，这位小哥……"黄金荣一指旁边的年轻人，问道。

"哦，是这样的，金荣你现在是上海滩的大拿了，不知有多少人想拜你为师呢！这位小兄弟早就慕你的大名，存着这个心思，也不知道老弟肯不肯赏这个面子？"虞洽卿说。

"哦？"黄金荣上上下下打量了年轻人一番。

"哦，这是我的投帖。"年轻人递上门帖。

黄金荣接过来一看，原来这个年轻人叫蒋介石。蒋介石曾在虞洽卿创办的"上海证券物品交易所"干些抄写记录、通报行情的杂活，收入不多，颇不如意。

后来，蒋介石与张静江、戴季陶、陈果夫等人合伙经营"恒泰号经纪行"，他当上了经纪人，几笔生意投机成功发了点小财。但好景不长，上海证券交易市场后来出现了股票暴跌风潮，"恒泰号经纪行"在这场风潮中亏损倒闭，蒋介石负债三千元。为逃避债主追债,他整天东躲西藏,处境十分狼狈。

恰巧此时,中国的南方发生了一件大事:革命军中的陈炯明在广州叛变,炮轰总统府,孙中山避到了永丰舰上。

蒋介石觉得陈炯明干不过孙中山,如果在大总统患难时,我能追随左右,那以后自己的前程会无限光明。再说,自己如果逃到南方,既是投奔革命,又是躲避债务,一举两得,何乐而不为呢?

但那些讨债的一直都在紧盯着蒋介石,他很难走脱。蒋介石心想:要是现在有一个"大人物"出来替自己撑腰,那就好了。盘算了几天,蒋介石才得出结论:目前在上海黄金荣吃得最开,只有拜他为师,才能脱身。

于是,蒋介石先找到虞洽卿帮忙。虞洽卿倒是慧眼识"英雄",觉得蒋介石这个人是把好手,他能屈能伸,心活手段也辣,将来必有出息。现在他跌倒了,自己得拉他一把。

看到虞洽卿介绍蒋介石来拜自己为师,黄金荣心想收个革命党未尝没有好处,万一军阀割据势力垮台,革命党人上台,蒋介石得势,自己不但面上增添光彩,而且也算一个革命的有功之臣啊。于是他说:"既然阿德哥出面引见,这个徒弟我收下!"

蒋介石是极机灵的,立即跪倒在地称黄金荣为先生。黄金荣简化了收徒的程序,让蒋介石在关羽像前行了三鞠躬礼,从此,蒋介石便是黄金荣的门生了。

拜师后,债主们都接到了蒋介石的请柬,要在虞洽卿家里请客。

债主们走进虞家宽敞的大厅中，看到了一桌丰盛的酒席，看到了笑眯眯的虞洽卿，看到了满脸横肉的黄麻皮，看到了蒋介石。

酒过三巡，黄金荣向徒弟递了个眼色，蒋介石会意，便端着酒杯站了起来，向在座的债主们一鞠躬，说："今天各位能赏光前来，兄弟心里有说不出的光荣。对于我的师父金荣先生、我的前辈洽卿先生无微不至的关怀，我将终生难忘。请大家同干一杯！"

蒋介石一饮而尽，抹了一把嘴，接着说："现在南方革命蜂拥而起，我准备南下去探探路子，至于你们的债款，我是绝不会赖账的，待我从南方一回来，便连本加利地还给你们。"

债主们正想开口，黄金荣向债主们扫了一眼，干咳了一声，开口说道："介石是我的门生，要请各位多多照顾，大家都是场面上人，何必斤斤计较呢？刚才，介石也说了，从南方一回来，就将欠款还上，大家还害怕什么呢？如果他不还，我黄金荣替他还，大家还信不过我吗？"

债主们一听，完了，这笔账算扔到水里去了。哪个敢和麻皮顶真，一旦他恼怒起来，还不把你撕成碎片，还是见好就收吧。于是，债主们一起拱手，说："既然有黄老板这句话，我们还能说什么呢？"

"妥了！那我代介石谢谢各位了。"黄金荣说完，便到后间抽大烟去了。

黄麻皮和虞洽卿给蒋介石了却债务以后，又拿出200元大洋作为他南下的路费。黄金荣没有想到几年以后，他会那么神气地回来。

2、孙英雄做下的巨案

　　第二年春季的一天，黄金荣携着顾小茜去泰兴路和南京西路交汇口南面张园游玩。顾小茜十分乖巧，二人看风、看水、看月亮。当然，酒醉之后的野战是少不了的。

　　风光了整整一天，晚上黄金荣携着顾小茜来到商州会馆。

　　"哎呦，可累死我了！"顾小茜一进门丢下手提袋，甩掉高跟鞋，爬上床。

　　黄金荣坐到沙发上，边抽香烟，边眯起眼睛看着顾小茜。灯光下顾小茜那张玉脸更显妩媚了，那紧裹在身上的旗袍，使她玲珑的曲线毕现于外。

　　黄金荣把烟蒂丢在烟灰缸里，走了过去。顾小茜一笑，迎头扑进黄金荣的怀里。黄金荣拥着顾小茜，赫然发现她的眼角已经出现了细小的皱纹。毕竟岁月不饶人哪！他已经快50岁了，而顾小茜也是快30岁的人了。

　　"小茜！"，黄金荣拢了拢顾小茜的头发，"这些年你跟着我没名没分的，实在是委屈了。"

　　这样的话从黄金荣的口中说出，着实让顾小茜吃了一惊，她温存地把头靠在黄金荣的胸膛上。

"不过我还是那句话，有林桂生在我们只能作露水夫妻！"黄金荣淡淡地说。

顾小茜的眼里闪着泪花，她心想说一个人的寂寞，两个人的错，爱别人为何却要选择我？可是她最美好的年龄都已经耗在黄金荣的身上，以后的路又能重新选择吗？面对现实吧，生活往往比那些偶像剧的口味要重的多。

"说这些干嘛！人生苦短还不及时行乐？"说着顾小茜伸手帮黄金荣解开衣扣……

就在黄金荣尽情享受人生的时候，山东临城发生了一件震惊中外的大事——孙美瑶劫车绑票。

这天夜里，一列火车从上海出发，途经南京、济南、天津，开往北京。在离开山东临城车站约三四里的地方，司机在车前灯的照射下，发现前面好几十丈长的铁轨已被拆除，朦胧间似乎有人走动。由于火车速度太快，一时难以煞住，转眼间就出轨倾斜。车上顿时大呼小叫，乱得一团糟。

这时，突然枪声大作，铁路两侧涌上了千把个拖着辫子的土匪。他们打开车门，冲上车厢，绑架了几十名乘客，其中还有几个碧眼高鼻的洋人。他们有的反穿睡衣，有的还光着脚，个个哭丧着脸，在雨中高一脚低一脚地蹒跚而行。

在这批肉票里有一个举足轻重的大人物——法国天主教神父裴干松·雷狄。他以传教为名在上海和南京等地搞间谍活动，这次是奉法租界头儿的命令，从上海乘火车去天津的，不想在途中遭了劫。

事件发生后，法国驻上海领事头很大，限令火速破案，将雷狄主教营救出来。为此，捕房动员所有的侦缉人员四处打听、搜索，还采取高价悬赏的办法：凡知道老雷下落通风报信者，赏银三千元；凡能找到老雷者，赏银洋一万元，还可提拔重用。

这可是个升官发财的大好时机，黄金荣当然不会错失，所以他要亲自出马了。牛皮不是吹的，火车不是推的，几天下来他就打探到肉票是孙美瑶所劫，就押在抱犊崮山。抱犊崮山属山东峄县管辖，是个布满深山丛林的壑谷。因为那一带是苏、鲁、皖、豫四省的边境，历来是反政府武装盘踞的老巢。

这次劫车的孙美瑶是个猛人，后来鲁迅、冰心赞扬其是英雄豪杰。这哥们过去跟着军阀张敬尧混，张敬尧失败后，因政府不肯收编，孙英雄干脆就占据抱犊崮，从事了造反之类的特种行当。后来北京政府为了消灭这些反政府武装，派军队把抱犊崮围了个水泄不通。官兵围山日久，山上扛不住了，他们为了要摆脱眼前的困境，这才狗急跳墙，闹出这个临城劫车绑票的巨案来。

黄金荣摸清了事情的来龙去脉，下一步就是计划如何救人了。

次日清晨黄金荣走到麦兰捕房大门口时，见有个三十多岁的壮汉在附近转悠。

"先生，"壮汉一见黄金荣进门马上跟了进来，"请问，这里有个姓姚的巡捕吗？"

黄金荣听他是山东口音，心里一激灵，和颜悦色地说："有，可他昨天出差去了。"

"啊呀,"来人愁眉苦脸地摇头叹气,"我真衰到家啦!"

"别着急,"黄金荣将他请进了自己的办公室,"既然你是老姚的朋友,有啥为难事,边喝茶边说吧!"

原来,这壮汉名叫李樟浦,是山东临城人,原是跟着吴佩孚混。这次到上海买东西,下火车时摩肩擦背地一挤,身上的钱不翼而飞。在上海这个花花世界里,没有钱怎么行?他在这里举目无亲,急得团团转。后来他想起有个姓姚的老乡在法租界当巡捕,就前来寻找,谁知姚某却出差去了!

黄金荣一听他是临城来的,正是火车遭劫的那个地段,忙递给他一支好烟,满脸堆笑地说:"这点小事我姓黄的乐意帮忙,别着急,我先向你打听一事:前几天上海开往天津的308次列车,在临城附近被人拦劫,此事你听说过吗?"

真是芝麻掉进了针眼里——巧极了,想不到李樟浦一下子打开了话匣子:"那天晚上,我刚从临城上火车,一切还亲眼目睹呢!"

接着,李樟浦肝颤地讲述起那夜劫车的情景。

听完李樟浦的讲述,黄金荣拿出一百五十块钱,笑眯眯地说:"这点钱送给你,我俩交个朋友吧!"

萍水相逢,竟慷慨相助,李樟浦受宠若惊,红着脸说:"这那成啊,怎么能让大哥你破费。"

黄金荣哈哈大笑:"常言道,在家靠父母,出门靠朋友嘛!这点钱算什么?如果你在那一带有熟人,回去能打听到'肉票'——特别是法国神父雷狄的下落,我可再给你五百块钱。如能帮助接回,则更有重赏。不过,这一切都得与我单独联系,以免发生意外。"

"那就谢谢您了。"李樟浦感激万分,"回去后,我一定尽快打听藏'肉票'的地方,并联系'赎票'。"

3、救出法国佬再次升职

送走李樟浦后,黄金荣屁颠屁颠来到领事馆,毕恭毕敬地向新任总监华尔兹报告:"总监,我已发现了雷狄神父的线索。"

"什么?"华尔兹惊喜参半,"消息可靠吗?"

"可靠。"黄金荣肯定地点头,接着将李樟浦谈的情况复述了一遍。

"唔!你真能干。"

"我愿率领一个小分队,日夜兼程,赶往匪区,设法将老雷救回。"黄金荣当即请战。

毕尔兹大喜,握着黄金荣的手说:"好!人员由你挑选,这是五千元活动费,祝你马到成功。"

"您就等着听我胜利的消息吧!"

次日中午,一个由黄金荣指挥的七人小分队乘火车出发。黄金荣除挑了几个身强力壮、精于枪法的巡捕外,还特地请了个叫曹显民的同行,因为他懂得法语。

第二天下午,他们到了临城县城,黄金荣按地址在郊区找到了李樟浦。于是,他们七人换上便装,由李樟浦为向导,往抱犊崮方向进发。

但到了抱犊崮,黄金荣犯了难,偌大一座抱犊崮,老雷会被关在哪呢?黄金荣一行人在山下的小店内连吃带喝待了一个多星期,事情毫无进展。

"他娘的,这可怎么办?"黄金荣急得团团转。

"师父,您莫急,我们从长计议。"曹显民安慰道。

"怎么能不急,一个星期了,一点信息都没有,这要是两手空空地回去了,还怎么混!"黄金荣真的有种火烧眉毛的危机感。

这时,一名叫阿金的手下颠颠地从外面进来了:"黄爷,有新动向了!姓孙的提了条件了!"

"快说!"黄金荣有些急不可待。

阿金清了清嗓子说:"这姓孙的真是屎坑里的石头——又臭又硬,他提了四个条件。要张敬尧当山东省部队的老大,改编他们为两个师;又要求划邹、滕、峄三县为他们的割据地,政府在百里内不得驻扎军队;还要求对苏、鲁、皖、豫四省'同道'中人,一律收编;最后,他还说要英、美、法、意、荷、比六国公使签字担保呢!"

阿金竹筒倒豆子似的一口气说完了,端起茶杯咕咚、咕咚喝了两口水,一抹嘴,接着说:"这样的条件,谁会答应啊!现在政府正准备大规模剿匪,杀他个狗娘养的!"

"嗯!"黄金荣点点头,心想阿金的确带来一个不小的消息,但似乎于事无补。黄金荣对于剿匪并不十分关心,他关心的是如何把老雷弄回来，但目前形势并不看好！

正在黄金荣急得团团转的时候，事情出现了转机，这得从黄金荣的向导李樟浦说起。

这天，李樟浦出去买酒菜，迎面过来一个年轻人，李樟浦大叫道："这不是喜子吗？"

年轻人停住脚，回头看了看李樟浦，突然一把抓住他的手，说："樟浦哥，你怎么到这儿来了？"

原来，李樟浦和喜子是同乡，半年前喜子离家，一别杳无音讯。

李樟浦兴奋地说："喜子，你怎么在这儿啊？你爹你娘找你找得好苦啊！"

"嗨，别提了，半年前，我原打算出门打工，可谁想在路上让孙美瑶的人劫持到这儿来，逼我当了土匪。这不，我下山来给他们买酒来了！"

李樟浦一听孙美瑶三个字，兴奋得心跳加速，忙问："喜子，那孙子最近劫了肉票，你可知道？"

"知道啊，我现在就在看一个法国佬哩！"喜子毕竟太年轻，心无城府，把什么都说了出来。

"你在哪放哨啊？"李樟浦紧着问。

"前面那座山神庙！"

李樟浦如获至宝，拉住喜子说："喜子，你快回吧，免得他们起疑心，用不了几日，哥会想法子救你出去的！"

喜子乐呵呵地回山上去了。李樟浦顾不上买酒，一溜烟地跑回旅店，报告情况。

黄金荣等人听了李樟浦的叙述，兴奋得一蹦高，问道："这座山神庙，你可去过？"

李樟浦摇摇头，说："这一带肯定有人去过！"

于是黄金荣就从村子里请了几个上年纪的老乡，摆了一桌子酒肉，盘问这座山神庙的所在。

一个老者道：

"山神庙离这里有五十里地，其间还得翻过两个山头，尽是迂回曲折的羊肠小道。俺年轻时上去过一次，可如今隔了四十多年了，这老骨头恐怕不顶用了。再说，听人说那边山里土匪可凶哪，要上去可不容易。"

黄金荣点点头，接着问："除了土匪盘踞的路外，还有别的道通山神庙吗？"

"有，可以绕道上后山，到了那儿，再问当地的老乡，肯定能知道。"

于是黄金荣谢过几个老乡，与手下人一商量，乘着明月，连夜绕道往后山进发。

天将微明，东方泛起了鱼肚白，黄金荣一行人已到了山后。他们先进村歇脚，随便吃了些早点，就向当地老乡探问如何去山神庙。

打听清楚以后，一行人饱餐一顿，并各带干粮，认定方向，翻过几重丛林，绕过迂回险道，走进深山尽处。

傍晚时分，他们发现山岙里隐约有一座建筑物，揣度可能就是山神庙。他们在离山神庙不远处一座丛林中潜伏下来，到了两更时分，不顾山路坎坷，闯入了古庙。

山神庙不知建自何年，庙门早已败落，大殿也已倒塌。黄金荣一手擎着回光灯，一手握着勃朗宁手枪，闯至廊屋门前，正欲举手推门，谁知这回光灯已惊动了两个哨兵。两个哨兵望着突如其来的七八支手枪，吓得魂飞天外，浑身颤抖，连叫"爷爷饶命"不止。

黄金荣大步流星走入屋内，用回光灯一照，只见一个一头黄毛的外国人卧在土炕上。一问，不是别人，正是法国主教雷狄。众人二话不说，七手八脚把老雷扶起来，急忙带他脱离险境。黄金荣等人一路保驾护航，护送他来到上海。

法国驻沪领事乐得鼻涕泡都出来了，立即犒劳黄金荣等人，并提升黄金荣为法租界巡捕房的督察长。这样，黄金荣一跃成为华人在法租界巡捕房职位最高的人物。

4、贩卖鸦片的东南一霸

黄金荣还来不及品味成功的喜悦，新的烦恼接踵而来，事情还得从鸦片说起。

上世纪20年代的上海，烟毒弥漫，鸦片泛滥。当时外国运往中国的鸦片,大多经上海流入内地,而四川、广东、云南等地的鸦片商,也将当地生产的鸦片大量运往上海。这样,上海就成了全国鸦片的主要集散地,一些烟土行因此发了大财。

但"人无千日好,花无百日红",烟土行的老板们最近很头疼:他们的鸦片运抵上海,进入烟土行前,经常遭人暗偷明抢,损失惨重。原来,运往上海的鸦片大多走水路,由于黄浦江水浅,吨位大的船不能直接靠码头,只能停在江心将货用小船驳运上岸。这些小船经常莫名其妙的翻沉,大批鸦片沉入江中。堆放在码头上的鸦片,也时常成箱成箱地不翼而飞。鸦片从码头运往烟土行途中,也经常被人持械拦截,抢夺一空。

干这个勾当的,是黄浦江码头上一批号称"三十六股党"的流氓。这群亡命徒凭着水性好,打起架来肯拼命,在黄浦江上称王称霸,大发其财。

鸦片大量失窃,烟土行的老板们叫苦不迭,纷纷要求巡捕房保护。"拿人钱财,与人消灾",巡捕房全凭烟土行重金贿赂过日子呢,怎容得小流氓们口中夺食?于是,巡捕房派出巡捕到码头一带巡逻放哨,保护鸦片运输。但鸦片还是照旧被窃,人家"三十六股党"依然风骚得跟朵花儿似的,该怎么跟你玩就怎么跟你玩。愁去吧你!

领导们头很大,无奈之下又将这副重担放在了黄金荣肩上。接到破获鸦片盗窃案的任务,黄金荣左右为难。

原来,这"三十六股党"不是别人,都是他手下的一群徒子徒孙。如果不有所行动,法国巡捕房总监那里实在难以交差,弄不好得罪了洋人,弄个鸡飞蛋打。

黄金荣焦头烂额拿不出主意，于是，找来杜月笙、张啸林、金廷荪几个有关人员商量。

带有点斯文气的杜月笙提了个建议："应该组织一个贸易公司，专门保护鸦片贩运，向鸦片商收取保护费，这样既不会断了手下弟兄的财路，又给了法国巡捕房面子，岂不是两全其美！"

"还可以运销外地，杭州、浙江一路我来负责，我认得省长、督军。"张啸林进一步补充，提出具体分工。

黄金荣一拍大腿，跷起大拇指说："好！杭州一路啸林人头熟，就包给你。苏州、无锡、南京一路，还是老样子，阿荪去跑跑。"

说到这儿，黄向张、金两人看了一下，算是征求意见。张啸林、金廷荪不住地点头，表示没问题。

黄又继续分派任务："到码头提货，运到租界分发，统统由月笙来，法租界和公共租界工部局的交道我来打。贸易公司的事情你们三个先弄个计划，下次专门商量。"

任务分派停当，已是深夜，黄金荣照例请门生"香"几筒。他取出宝藏着的印度烟土，掺拌了白兰地酒做的烟泡，佣人拿来几支烟枪，师兄、师弟与师父躺在黄公馆的烟榻上，吞云吐雾起来。

从这一夜以后，上海滩的鸦片市场又别开生面了。

黄金荣虽然没研究过孔孟的儒家学说，可是他懂得"治家齐国平天下"的奥妙：要左右全国的鸦片行情，首先得垄断上海滩的鸦片买卖；要占领上海滩的鸦片垄断权，首先得整顿法租界的鸦片贸易。总之一句话，他从身边做起。

第二天，他便向法租界工部局包下了鸦片运送销售的全部业务与税金。把法租界的鸦片商整顿合并为十家，由黄供给货源。其他小的烟贩及烟馆，则由这十家分别掌握。这十家大烟商，每逢过年过节，照例要送一大笔钱"孝敬"老头子。

另外，贩运鸦片也组织得井井有条。外洋、外地货到埠，由杜月笙负责派车装运。装运的车辆，黄向租界巡捕打过招呼，漆有特别记号，巡捕熟悉，路上不会有麻烦事。毒品运到后，存放在土行大地窖下面，门口有黄金荣的人看管，谁敢去过问？

经过一番苦心经营以后，黄金荣成为包揽鸦片贩卖的东南一霸，每天可以进账大捧金银。

不久后的一天，在黄公馆华丽的客厅里，张啸林、杜月笙和金廷荪各自把经手鸦片赚到的金条交给老头子。在黄金荣坐的沙发前那张茶几上，黄灿灿地堆了三堆，在电灯下熠熠发光。

黄金荣盘叠着二郎腿，将身子埋在沙发里，脸上的麻点发着兴奋的光彩。他跷起大拇指，向坐在窗下的三个门生摇了几摇，晃了几晃，高兴地说："生意不错，你们三个蛮卖力，有钱大家赚，有财大家发。来，每人分几根，大家好才是真的好嘛！"

黄放下右腿，从沙发上直起腰来，从面前茶几上的几堆金条中每堆抽出几根，分给三个门生，算是奖赏。其实，他的门生在上缴利润之前，已私下扣了几成，这些猫腻黄当然心里有数。三个门生向黄谢赏以后，又公推杜月笙将筹备贸易公司的事，向老头子做个汇报。

杜月笙从上衣口袋里掏出一张纸片来，起身送到黄面前，双手递过去，说："公司的组织办法、资金的筹集办法都拟在上头，请师父过目。只是公司的名字还没定。我们想了几个，想让师父来圈定。啸林兄，你说说我们取的名字。"

为了不引起兄弟间在师父面前的厚薄，杜月笙有意让张啸林来说说为公司取名情况。张接过杜的话头，介绍了他们三人拟的一大堆名字。黄金荣左手搔着头皮，侧起脑袋想了片刻，又是一拍大腿，笑着说："我看'三鑫'这名字起得好，看看这名字，每天可进账三三见九两、九十两、九百两金子，大家发财。我们的目标就是——"

"没有蛀牙！"

"我呸！向钱看，向厚赚！"

三鑫公司开张以来，生意兴隆，利润如黄浦江潮水一般滚滚而来，黄金荣集团成为上海乃至中国最为庞大、最有势力的近代城市帮会组织。

5、拈花惹草霸占露美人

这年冬天，杜月笙的老婆生下了一个大胖儿子，这下可把杜家上下乐坏了。杜月笙为此大摆宴席，整整折腾了一个礼拜。

与杜月笙相比，黄金荣就是哑巴吃黄连——有苦说不出了，因为他的小福全毕竟不是自力更生的结果，黄金荣总觉得是块心病。而且小福全体弱多病，十一岁仍长得像根黄豆芽，脸色苍白，动不动就要生病请郎中。

后来，林桂生便听信算命先生的"真言"，为了给儿子增加"阳气"，特意领养了一个名叫李志清的小丫头。李志清长得细皮嫩肉，水灵灵的，嘴巴也甜。林桂生与黄金荣见了，自是欢喜。

这女孩子长到十四五岁的时候，已出落成标致的大姑娘了。黄金荣望着这朵含苞待放的花，两眼又露出了贪婪的目光。这当然逃不过林桂生的火眼金睛，为避免再生是非，她干脆把养女配给了福全。

自从黄金荣夫妇特意为福全娶了李志清后，福全的身体却是每况愈下，十七岁时终因痛病发作，医治无效，挂了！

黄金荣夫妇白白辛苦了十几年，当然痛苦悲伤。但人死不能复生，任谁也没有回天之力，黄金荣只得以大办丧事来弥补心中的悲哀与遗憾。

办完丧事没多久，年过五十的黄金荣又在外面拈花惹草，惹上了一桩风流案。事情还得从"共舞台"说起。

黄金荣经营的共舞台位于郑家桥，既可演戏，又可放电影。而且，黄金荣鼓励京剧男女演员同台演出，一时名角云集，其中一位就是露兰春。

这露美人是湖北汉口人，自幼丧父，后由养父张师（江苏扬州人）收养，师从名伶李吉瑞、小达子学京剧，取艺名露兰春。

这露美人虽是坤角儿，但学的却是余派的须生戏，如《搜孤救孤》、《文昭关》、《捉放曹》、《失空斩》等，都是她的拿手剧目。

这一年，露美人从武汉来上海，二十出头的她长得唇红齿白，亭亭玉立。

露美人因初出茅庐，北京很少有人邀她演出，这次上海共舞台戏院之所以请她出演，是为了节省出场费。而露美人为了在上海创牌子，也就不计较出场费多少。

露美人到了上海，拜过阔佬和流氓，又在报上登出广告，头两天的打炮戏居然卖得满座。戏院里生意兴隆，老板黄金荣自然非常高兴，要摆酒席宴请她。

岂知这次黄金荣设宴请客，却是黄鼠狼给鸡拜年——没安好心，因为他看到这小妞长得体态轻盈，面目姣好，便心猿意马起来。不有那么句话嘛，不想吃天鹅肉的癞蛤蟆不是好癞蛤蟆！于是，他就以请客为诱饵，想把露美人霸占了。

宴席上，当着露美人的面黄金荣就露出一副色鬼淫棍相。同桌吃酒的陪客都是黄金荣的心腹，一个个鉴貌辨色，不待黄金荣再说下文，早已心领神会，无不竭力替老头子拉马牵缰，整鞍就骑。

露美人虽洁身自好，怎抵得住这帮老流氓们软磨硬缠？为了在上海滩这个遍地是金的全国最大码头演下去，她只好委曲求全，黄金荣当夜就如愿以偿得了手。不过，吃了天鹅肉的癞蛤蟆还是癞蛤蟆！

为了长期霸占露美人，黄金荣将她安顿在戏院一个密室住下。此后，他便天天到共舞台去亲自为露美人捧场，这使得她在上海滩更是身价陡涨。

黄金荣怕老婆是有名的，林桂生把他看管得特别紧，既不准他在外面和女人厮混，也不许他每日无事超时晚归。林桂生曾告诉过黄金荣：今后允许你喝醉，允许你勾妹，但晚上必须给老娘归队。如果你敢伤我的心，伤我的肺，老娘一定把你的第三条腿打残废！

其实，我们应该体谅黄金荣。您想啊，人家既有钱，又有权，还不让人家弄个小三了？太不人道了！不过，黄金荣既想偷"鸡"，也自有他的妙招：到巡捕房里写一纸假公文，盖上一个印章，说要到外地去办案子，多少天不能回家。

骗过老婆后，黄金荣便天天泡在露美人身边，因为这小娘们太勾人了。但是，世上没有不透风的墙，何况林桂生也不是省油的灯，很快，她就知道了黄金荣与露美人的把戏。

林桂生气得七窍生烟，有心想直奔共舞台找黄金荣算账，又恐一人力量不足，于是，想到了她的青帮"十姐妹"。这可是上海滩响当当的能拼能打的侠女，她们上得了厅堂，翻得了围墙，开得了汽车，买得起洋房，斗得了小三，打得赢流氓。

不多一会儿，"十姐妹"先后到来，一听桂生姐要捉奸惩淫，个个摩拳擦掌。徐巧慧见"十姐妹"一个个相继而来，又都杀气腾腾，便多了个心眼，趁上楼端茶送水之机听到了"十姐妹"准备前往共舞台捉奸的消息。

自从小福全不幸早逝，林桂生撒尿不出怨马桶，把一肚子气都撒在徐巧慧头上。她认为都是这个麻皮女人克夫克子的命，把福全给克死了。她经常指桑骂槐，含沙射影，不给巧慧好脸色看。偏偏黄金荣在这方面要远比林桂生重感情，逢年过节总不忘叫巧慧与他们同桌用餐，吃上一顿团圆饭；巧慧下厨房帮厨，他还特意吩咐厨房，不要给巧慧派重活。

两相比较，徐巧慧便越发认为黄金荣是江湖上的人，懂交情，讲义气，是她将来的靠山。现在耳闻"十姐妹"要大闹共舞台、给黄金荣难堪时，情急中她灵机一动，用弄口的公用电话，偷偷地给黄金荣通风报信。

等到林桂生率众姐妹风驰电掣赶到共舞台，进得门时，楼上楼下已是人去屋空，连个人影也没有，气得林桂生跳脚拍手大骂。

可是，走得了和尚走不了庙，捉不着臭虫打草苫。林桂生等姐妹怒不可遏之下，把舞台内外的布景道具砸了个稀巴烂，出了一口心头恶气，这才扬长而去。

6、老夫老妻上演全武行

当晚，黄金荣硬着头皮，憋着一肚皮气回到家来。

见到黄金荣，林桂生先是一喜，然而她强压住自己的表情，心想这回一定要好好教训教训他！

"好你个死麻皮，还知道回来呀？"

黄金荣不语，也没有像平日赔笑脸说自己不是。林桂生感到自己受了莫大的委屈，连哭带骂了起来。黄金荣却皱皱眉，径直往大烟室走去。

林桂生愣了，气疯了，失去了理智，追上黄金荣，拖住了他，手抓脚踢，想用拳脚发泄自己所有的妒恨。

黄金荣正在恼火，又被林桂生在众目睽睽下如此对待，也毫不示弱，伸出芭蕉般的大手，啪啪两下打在林桂生的脸上，心说：我不打你，你就不知道我文武双全！

这下，马蜂窝可算是捅大了！

自从他们结为夫妻以来，彼此虽屡有吵闹，但每次总是以林桂生占上风、黄金荣退让收场。今天，林桂生挨了黄金荣的耳光，还是她出娘胎来的第一次！于是，她咆哮着跳起身来，像母老虎下山似的再次扑向黄金荣，与他扭成了一团。

林桂生与黄金荣打得难解难分，在场的男仆女佣见状谁也不敢上前相劝。眼看黄金荣把林桂生按在地上，抡起拳头就要往林桂生的身上招呼，徐巧慧恰到好处地挺身而出，死死抱住了黄金荣的胳膊。

"老爷住手，老爷住手！有话好好说，有话好好说！"徐巧慧整个人都吊在黄金荣那台柱般粗的胳膊上。

"这次要不打得她满脸桃花开，她就不知道花儿为什么这样红！"黄金荣嘴里凶狠，但手里却软了下来。

"不能的，不能的。"徐巧慧连忙护住林桂生，"相骂无好话，相打无好拳，不破衣衫便坏肉。打坏了太太，你要倒霉！"

这时，众人见状才一起拥上前来，做现成好人，你抱我拉，把这对年过半百的冤家夫妻拉开来。

林桂生吃了这个大亏，岂能就此罢休？上得楼后，她仍是连哭带嚎，把几架上摆的檀木大时钟、镂花花瓶和细瓷大罗汉砸了个粉碎，狼藉满地。

眼见都已深更半夜了，林桂生还在又哭又闹，徐巧慧两个电话唤来了杜月笙与张啸林。她清楚，事到如今，只有这两个黄金荣的高徒能劝得开这对宝货。

杜月笙和张啸林闻讯携眷属赶到黄公馆。在大烟间里，他们见到了面带怒容，躺在烟榻上默不作声的师傅。

"今天师傅有点反常呀！为一个欢场上的女人师傅何曾这样过？"两人想到一块了，不觉对视了一下，开始劝起黄金荣来，告诉他这个年头找到真爱的几率和被雷劈的几率差不多。不过，黄金荣的情绪迥异往昔，三人坐在一起，话题却不多。

杜月笙起身对师傅赔笑道："我去看看师娘！"

杜月笙知道，自己能有今天师母给了他太多的关怀和帮助。无论是在黄公馆给予他的信任，还是操心他的终身大事，以至让他掌管一只赌台，是师娘的提携才有他杜月笙的今天。

此时，楼上师母的哭声又传入杜月笙的耳中，他的鼻子也不觉一酸，三步并作两步匆匆赶上楼。林桂生见到杜月笙，仿佛在大海中盲目飘荡的小舟见了救命的灯塔一般。

"月笙呀！"杜月笙搂住了自己的师娘，让她在自己怀里哭个够。

事情已不消再说，安慰的话也不必多说。杜月笙陪着林桂生坐着，不时忆些往事、拉些家常、讲些趣事，他希望自己能安抚师娘这颗受伤的心。

林桂生渐渐平静了,眼神是少有的凄楚。她接过了杜月笙递过来的削好的苹果,咬了一小口,悠悠地说:

"以前你在这里的时候,总不忘给我削各种各样的水果。一转眼都十来年过去了,我老了丑了,再也拴不住你师傅了!他说他会爱我一辈子,我真傻傻天天,居然忘了问:是这辈子还是下辈子!"

"师娘别多想,师傅只是一时脑子进水,我一定好好劝师傅。"

"我去安排一下明天的事情。"林桂生淡淡的说着,完全没有平日豪气十足的感觉。

杜月笙定了定神再回到大烟室,和张啸林又同劝了师傅一阵。时候已不早了,杜月笙、张啸林唤下女眷,各自回去了。

过了几天,杜月笙得知黄金荣把露兰春藏在了英租界的一个饭店,仍对她藕断丝连。杜月笙便寻思:如若这样下去,那个生性泼辣的林桂生迟早要闹出人命来。

于是,杜月笙一边劝黄金荣放手,一边跑到饭店,面见露兰春,劝露兰春尽快收场,离开上海。

露兰春听了,急赤白脸地答道:"谁愿留在上海,我早想去北京了,怎奈老板说什么不和我结账,我没钱,怎么走呢?"

杜月笙知道这是黄金荣留人的把戏,便一边说道"这事好办",一边取出一沓钞票,交给露兰春道:"这些钞票你先拿去,希望你赶快离开上海。"

露兰春接过钱,连声道谢,表示马上离沪去京。但是,过了一个星期,杜月笙得知露兰春根本没有离开上海,而是另租了一个地方,仍与黄金荣腻腻歪歪,不但如此,居然还在共舞台演戏。他知道,露兰春这回是真的摊上大事了。

其实,杜月笙猜得不错,但也不全对,因为大事是摊上了,但却不是从凶悍的林桂生身上引发的。

7、跟我狂?整不死你

露美人唱红上海滩后,不但引来了许多戏迷,还吸引了一些特殊的观众。其中有一位自打到共舞台看了几场露美人的戏后,便被她的花容月貌勾去了魂魄。从那天起,只要有露美人登场,他每场必到,捧场、献花、到后台约请吃饭,几乎到了日思夜想的地步。

这个人叫卢筱嘉,是浙江省督军卢永祥的宝贝儿子,名副其实的官二代。这小子眼睛长在头顶上,撞了人也会大吼一声:"我爸是卢永祥"!

1915年,袁世凯亲信、上海镇守使郑汝成被陈其美在外渡桥炸死后,上海便落入了军阀卢永祥的手中。1919年,卢永祥升任浙江督军,派其部将何丰林接替淞沪护军使。

那时候,上海名义上受江苏督军齐燮元的管辖,实际上,上海淞沪护军使何丰林是听命于浙江督军卢永祥的。所以,上海实际上成了卢永祥的势力范围。

这卢筱嘉二十来岁，长住上海，虽然身上喷了古龙水，但还是能隐约闻到一股人渣味儿。他在上海滩横冲直撞，如花似玉的上海姑娘，不知被他糟蹋了多少。

这天晚上，卢人渣带着两名保镖，来到共舞台看戏。那晚上演的剧目是连台布景戏《天河配》，饰演织女的坤伶正是露美人。

当时上海演出布景戏，经常靠噱头来激发观众的兴趣，老板为了赚钱，还常令坤伶表演极其大胆的后现代人体艺术。这天演《天河配》时，也胡编乱造了一些织女在天河里洗澡的戏。

露美人扮演的"织女"胸前穿掩着两乳的红绸肚兜，下身仅穿一条月白色绢丝三角裤，露着两条白皙修长的大腿，在舞台灯光布景的衬托下，挺胸叉腿、东歪西扭、媚笑撩人。

台下的卢人渣看到这番表演，淫性大发，竟纵身坐在椅背上，一边拍手，一边冲着台上狂吼乱叫："再脱，再脱！脱光为止呀！"

顿时，场内秩序大乱，观众的注意力都转移到他身上。

剧场稽查人员出来阻止："哥们，你这么牛，你家大人知道吗？"

卢人渣不但不听劝阻，反而破口大骂："妈的，敢来管老子，瞎了你们的狗眼！"

这些稽查人员都是黄金荣的门徒，看到卢人渣气势不凡，估计他有点背景，得罪不起，便好言劝阻，一时剧场秩序平静了下来，戏依旧演下去。

但是，卢人渣已被台上的露美人深深吸引住了，当天演出后，他一掷千金，连向露美人送了三个价值千元的大花篮。

此时，后台的黄金荣已得门徒报告，说有一阔少在演出时十分无礼。当时他没在意，只随口说了一句："哪家的名门之后啊，他爹是天蓬元帅啊！以后见了给我轰出去就是。"

但是，自那天以后，每逢露美人演出，卢人渣必到，而且每场必送一个大花篮给露美人。稽查人员见卢人渣只送花篮，不再捣乱，自是狗咬刺猬——无处下口。

可是黄金荣知道后，不由得大为动怒，认为这小子太不识相，竟敢把脑筋动到自己头上。于是，他特意警告露美人：以后只要是姓卢的小子再送花篮，一律当场扔出去；他约请的饭局，也一概坚决拒绝。同时，他命令稽查人员，严加防范，不准姓卢的跨进后台半步。

这还不算，从那以后，黄金荣亲自坐镇，严密监视卢人渣的一举一动。

卢人渣对此却一概不知。

前一阵子因为林桂生吃醋，露美人一直没有登台演出，卢人渣就忍不住了。这天，他在报上又看到"露兰春主演《落马湖》"的广告后，自是兴冲冲早早地赶到了共舞台，跟喝了尿糖似的。

这一次，卢人渣仍只带了两个保镖坐到了包厢里。不一会儿，舞台上锣鼓喧天，幕布拉开了。

可是，由于露美人这天的戏被排在后面压轴，一直没有露面。卢人渣见状，不由得急不可耐，看到别人上场，不是喝倒彩，便是干脆直呼"露美人",把个远远监视他的黄金荣气得不得了。

过了一会儿,露美人扮演的黄天霸终于上场了。

"三尺雕翎箭,开弓人马翻,杀敌逞英豪,英雄出少年。我乃金镖黄天霸……"

随着锣鼓点子,露美人从"出将"门上场,甩了一下水袖,移步台中央亮相。她想把腰上的垂带踢上肩头,可是因为这几天身体不适,全身乏力,踢了三次都没成功。

"嗬——哟!好功夫,好功夫!"卢人渣幸灾乐祸,大声喝起倒彩。

在场的观众大都知道这里是黄金荣的地盘,谁也没敢吱声,只有卢人渣不买账,一个人的声音特别刺耳。

露美人循声望去,见又是那个轻狂骄横的白面少年,只得连连向他抛去媚眼,以示请求对方多多包涵。

台下的卢人渣见状,以为露美人在向他瞥白眼,不买他的账,竟恼怒起来,把倒彩喊得更响了:"嗬!嗬!坍台啦,坍台啦!"

狂叫的外地口音,回旋在剧场里。

坐在包厢的黄金荣再也忍不住了:"想不到在上海滩,还有人敢在我黄金荣头上拉屎!老虎不发威,你当我是病猫!"他一边骂骂咧咧地站起来,一边向四下的稽查和保镖挥手。

门徒们早已摩拳擦掌,怒不可遏,见老板发令,便从四面一拥而上。卢人渣的两个保镖连忙护卫挡驾,可哪是这帮人的对手。当下,二人被打翻在地,卢人渣也挨了几记重拳。卢人渣勃然大怒,欲从腰间拔出手枪,但已迟了。众打手东扯西拉,把他当作皮球一般,踢来打去,在地上翻滚。不一会儿,卢人渣身上的西装全被扯碎,脸上额头鲜血直流,腰间的手枪也不知被谁夺了去。

乘着众人歇手,两个保镖拼命上前,一边求饶一边架起主子,跌跌撞撞地出了戏院,一溜烟绝尘而去。

敞篷车上,卢人渣艰难地支起身子,冲着共舞台声嘶力竭地吼道:"你们等着,我跟你死磕——"

事到如今,黄金荣还不知他碰到了哪个对手。

8、老头子这回摊上事了

吃了大亏的卢筱嘉,连夜驱车直奔杭州,向老子卢永祥哭诉。卢永祥不明就里,当场大发雷霆:"这个黄麻皮,他不过是法国人的一条狗,我倒要看一看有多大能耐!"他随即命令秘书拟了一份电报稿,发给上海淞沪护军使何丰林。

军令如山,何丰林拾到鸡毛当令箭,只管执行上峰的命令。

过了两天,共舞台正上演《枪毙阎瑞生》。戏唱到高潮,露美人上场一句摇板,赢得了满堂彩。端坐在东花楼包厢里的黄金荣看得津津有味,恨不得戏马上结束,他好把露美人拥在怀里。

突然,包厢外传来一阵异样的动静,黄金荣还没反应过来,一群身穿便衣的彪形大汉便闯进门来,两只铁钳似的大手,死死抓住了他的胳膊。

黄金荣一愣，知道摊上事儿了，摊上大事儿了！他连忙伸起两脚，猛力朝前面的矮墙上蹬去，想挣扎站起。但已迟了，一支冷冰冰、硬邦邦的手枪，戳在他光光的后脑勺上。

"麻皮，你说吧，你是想死呢还是不想活了？"

随着话音，一条大汉上前，抡圆了大巴掌，十几记大耳光打得黄金荣眼前金星四溅，晕头转向。接着，又是一阵拳打脚踢，众人把他按在了地上。

黄金荣武艺再高强，也架不住这近距离的肉搏战，只好死猪般地躺在那里喘气。

包厢里的打斗声，惊动了黄金荣的保镖。他们蜂拥上前，要想救驾，无奈对方几支手枪都抵着黄金荣呢。其中一个大汉厉声道："谁敢轻举妄动，立马叫姓黄的脑袋开花！"

"别，别乱来。"黄金荣急忙止住，与此同时他问对方："你们到底是何许人？"

"说来吓你一跳，我们是淞沪护军使派来的！"

"我与他前世没仇，今日无冤，他凭什么这样劫我？"黄金荣听了好生纳闷。

可是，众大汉没和他多啰嗦，押着他走出剧场门，推上一辆军用卡车扬长而去。

黄金荣被何丰林派兵抓走的消息，当时就传到林桂生的耳朵里，她心说：让你吃着碗里的，看着锅里的，活该碗被打翻，烫你一脸！但二人毕竟是两口子，一荣俱荣，一损俱损，林桂生不能袖手旁观。她连夜通知了杜月笙与张啸林，让他们赶快想办法救出黄金荣。三人决定分头行动：张啸林去杭州，向卢永祥当面求情；杜月笙亲自去见何丰林，恳请放人；林桂生则去找何丰林的老娘何老太太，曲线救黄。

总之，不救出黄金荣，他们在众人面前不好交代，会被大家指为不仗义，日后有损威信。

女人自有女人的办法，林桂生知道何丰林的母亲信佛，每天拜菩萨，所以带上一尊金观音，又包上几根金条，坐着汽车径直去龙华拜会何老太。

何老太太一见如此重礼，心花怒放，当即一口答应亲自向儿子求情，要他放人。可惜，何丰林的回答是：黄金荣的命可以保下来，但要放人，需要卢永祥亲自批准。

张啸林马不停蹄直奔杭州，但他并没立刻去找卢永祥，而是径奔浙江省省府叩见张载阳去了。

浙江省省长张载阳，是张啸林旧日一起投考武备军校的同窗。尤其是三鑫公司开张后，老同学旧谊重续，有过一段交往：当时，为了沿途贩运鸦片的安全，张啸林曾拜访过张载阳和卢永祥，三人商定，三鑫公司每年付张载阳、卢永祥银元若干，但他们必须确保沿途运送鸦片的安全。张啸林还额外答应卢永祥给他在莫干山造一幢别墅。

三鑫公司开张后，张啸林即兑现前言，真的在莫干山给卢永祥造了一座别墅。公司运作一周年，张啸林向张载阳与卢永祥按约定送去了白花花的银洋。

有了这一段前缘，加上张载阳及另两个时为浙江督军的同窗周凤岐、夏超三人联合作保，卢永祥终于答应释放黄金荣。

　　黄金荣自从出道以来，在上海滩还从没吃过这样的瘪。十天里，他住的是爬满臭虫的监狱，吃的是猪食般的粗粝的饭菜，人整整消瘦了一圈。尤其是为取得卢永祥的"宽恕"，张啸林、杜月笙不得不答应出资一千万元，帮助张、卢二人在杭州开一间叫"聚丰贸易公司"的烟土行。

　　坐在回黄公馆的车子内，三观被毁的黄金荣一直低着头，一言不发。他眼神黯然，心想人生就像一次旅行，指不定会在哪翻车……

　　杜月笙小心翼翼地说："师父，您受惊了。"

　　"哦！哦！月笙、啸林老弟，谢谢你们呀！"黄金荣嚅嚅地说着，似乎还未从噩梦中醒来。

　　杜月笙一怔，忙说："师父，您千万别这样说，我的本事是师父教给我的，我的今天是师父提携的结果，您永远是我的师父。这些天师娘、啸林，还有许多兄弟都在为您操心奔走着。"

　　望着自己的两个高徒，黄金荣羞愧不已。他紧紧地握住他们的手，语气哽咽地说："月笙、啸林，从前你们给我一张拜老头子的帖子，明天我把它还给你们，我们再换一张。以后，我们就兄弟相称了！"

　　"那不行，师父！"杜月笙、张啸林装作坚决推却的样子。

　　"行了，这里又没有别人，你们就别跟我弄这套虚的了，就这么定了！"

　　黄金荣强硬地决定了这件事情，才慢慢谈起了此次事件：

"唉,这回我真是丢人丢大了。"

"师父,你不要想得太多了。明天晚上,何丰林要在六国饭店宴请您,北京政府陆军部还要颁给您一枚奖章,聘您作护军使衙门的督察一职呢!"

杜月笙把这话一说,黄金荣的眼睛再一次潮湿了。

"老弟,你太周到了!啥也别说了,都是眼泪啊⋯⋯"黄金荣不知如何表达,嘴里哆哆嗦嗦的。

黄金荣为了表示对杜、张两人的感谢,犒赏他们的忠心,他拿出一笔钱,在华格臬路(今宁海西路)造了两幢楼房,一幢为中式二层石库门楼房,另一幢为西式三层楼房。前一幢212号送给张啸林,后一幢216号送给杜月笙,作为两人的公馆。

从此,这上海滩不再是黄金荣独一无二了,三亨鼎立的局面将取代黄金荣一手遮天的辉煌时代。

9、鞭炮声中迎娶一代名伶

黄金荣从地牢中出来,觉得太跌份了。为了挽救自己在江湖上的威信,他干脆决定:在哪里跌倒就在哪里站起来,不把露美人娶到手誓不为人!说出去的话,必须兑现。这才叫爷们!但和林桂生多年的夫妻,使他觉得十分难以启齿,于是他请杜月笙先去透透风。

杜月笙看到这种情况,也是痛心不已。

"没想到会有今天,真没想到啊!桂生姐一定会伤透心的……他对大哥,咳!"座次重排,称呼也随之改变了,杜月笙适应的很快。

没办法,黄金荣嘱托的事,还是要硬着头皮去办的。

果然,林桂生一听就炸了:"不行,只要我在,露兰春绝不能进门!"

杜月笙十分知道桂生姐的脾气,他也叹着气说:"我没想到事情发展到今天这种地步!"

"不是我肚量小,那娘们分明是个祸害!金荣怎么就迷了心窍,真是越活越抽抽!"林桂生的眼光中尽是忧虑,杜月笙看见她两鬓的白发已很明显了。

"如果他执意娶那娘们,我只有离开他!"林桂生觉得丈夫是不会扔下自己的,她是在赌博,就像曾经跟黄金荣远走高飞时一样。又是一次和命运的赌博,都是为着一个她终身至爱的男人。

黄金荣对林桂生的固执十分气恼,为了露美人他已不能顾惜其他的了。

"桂生,当初我看上你,因为我脑子进水了,现在我脑子抖干了,我讨定露美人了!"黄金荣垂着头,沉默了许久才对林桂生讲出了这句话。

刹那间如晴天霹雳,五雷轰顶,林桂生一颗小心脏顿时变得拔凉无比,当下往地上一躺,口吐白沫,眼球翻白。

黄金荣登时傻了：还真抽啊！

真抽！

林桂生一抽，下人们马上掐人中、扇嘴巴子一通忙活，林桂生的眼球终于由白变黑，也就此停止了抽搐。

望着林桂生弄的这一出，黄金荣不禁自问："我这是怎么了？"然而面对如花似玉的露美人，黄金荣的犹豫就会荡然无存了，他对自己说：出来混，老婆迟早是要换的，腻腻歪歪，不如相忘于江湖！于是，他开始肆无忌惮地追求露美人。

"宝贝，嫁给我！"黄金荣一次次地环着他的时尚亮丽小清新呢喃道。

"嫁你？你不觉得太委屈我了？"露美人现在已把黄金荣玩于股掌之上，说话也无所顾忌。

"宝贝儿，你搞艺术，我搞你，这叫深入艺术。"黄金荣捏着露美人的脸蛋儿挑逗道："我会加倍补偿你的，什么都依你……"

"再有一个露兰春，我还不是要变成林桂生？"露美人早不是那个初来上海滩的小姑娘了。

"不会，绝不会！"黄金荣信誓旦旦。

"谁信？"露美人翻着眼睛撇嘴道，"为了我的未来，我有两个条件：一，我要接管林桂生的大权，从你家保险箱的钥匙到你的产业、存款；二，我要坐龙凤花轿，正式嫁到黄家，绝对不当妾！总之，我要坐拥大奶名号，享受二奶待遇！"

黄金荣听后，表情也严肃起来。林桂生跟了自己这么多年，帮自己建功立业，对自己忠贞不贰，掌有大权是最自然不过的。虽然桂生现在是愤然出走，但黄金荣从没想到要抛下她。他只是想待林桂生消了气，再好言相劝，日子久了她自然也就认可了黄金荣的决定。到时候，露美人已成为了二姨太，桂生依旧是自己的贤内助。

这黄金荣的如意算盘打得可是真叫响的，哪知两边都如此倔强。露美人苛刻的条件使黄金荣十分矛盾，他没有当下答复，他需要时间去思考。

黄金荣依旧和露美人在外面厮混，露美人使出浑身的解数来吸引黄金荣，她刚柔相济、热情与温情轮回，黄金荣益发神魂颠倒了。

林桂生坐在自己住处的桌前望着窗外呆想着，若不是仆人相唤，她不会想起吃饭的。秋意此时已很浓了，冬天即将到来，自己将会迎来一种什么样的命运呢？

"阿黄，你会回心转意吗？"林桂生心里依旧在痴痴地问，真是很傻很天真。

"桂生姐！"熟悉的声音打断了林桂生的思绪，她不用看便知是月笙。

杜月笙东扯西扯半个多小时，有些笨嘴拙唇、词不达意，和平日那个口齿伶俐、极善言谈的杜月笙判若两人。

林桂生渐渐平静下来，她很明白，此时的月笙是为难的；她也猜出了，他将给自己带什么样的消息。林桂生最后打破僵局，发问道："月笙，金荣有话托你带给我？"

"大哥已决意娶露兰春了！"杜月笙不敢再告诉桂生姐，露美人会坐龙凤花轿，做正宫娘娘了。

"哦？"半晌林桂生说话了，"她要入宫了，那只有我让她。月笙，你去告诉麻皮，从此以后我们一刀两断了。他不必多伤脑筋，我也不会为难他。夫妻一场，我们就好合好散吧！他拿5万元赡养费给我就行了。"林桂生异常平静，就像说的是一件他人的平常事。她觉得就算吃醋也要装得跟喝了酱油似的，不能让别人瞧不起。

"你就要5万？"杜月笙惊讶地叫着。

5万大洋，对于林桂生几十年和黄金荣同心协力赚到的庞大财富来说，不过是九牛一毛。林桂生只是象征性的要了赡养费以表明他们夫妻关系的终止，也表明自己绝不贪黄金荣的财产。毕竟，这多年的夫妻、那至深的恩爱绝不是钱财能补偿的！林桂生的心已被黄金荣伤透了。

不久，均培里的黄公馆新宅张灯结彩，串串鞭炮，迎来了一代名伶露美人。

六 爷们我就是这么狂

由于黄金荣的声望和势力，担任法捕房总监多年的老乔、法驻沪领事老杜，在黄金荣退休后仍经常到黄宅，商量有关法租界治安等有关的事情。

黄金荣躲在幕后操纵着法捕房，以此来维持其在帮会集团中的霸权地位。他利用这件事明目张胆地告诉所有人：爷们就是这么狂！有法儿想去，没法儿受着！

1、虐心又虐身的婚姻

露美人进门后,黄金荣就把徐巧慧叫到新房里,笑眯眯地吩咐道:"巧慧,以后你就照应兰春吧。"

徐巧慧连忙上前施了个万福:"以后还望夫人多关照。"

"大家关照,大家关照。"露美人嘴上这么说,心里却犯嘀咕:"这个麻皮,他把一个麻婆放到我身边是不是要监视我?以后叫我怎么与薛郎相会?"

原来,露美人到共舞台露面以前,就有了一个心心相印的小白脸。此人就是上海滩有名的颜料大王薛宝润的儿子薛恒,典型的高帅富。

孰料天有不测风云,就在露美人把终身的希望全部寄托在这个高帅富的身上,准备与他双双携手步入婚姻殿堂时,横刺里杀出个不可一世的黄麻皮,硬是生生地从小白脸手中夺走了这位头牌花旦!看来鲜花往往不属于赏花的人,而属于牛粪。

其实,如果小白脸硬要娶露美人也没人拦着,他只需要上交一样东西就行了,一样他绝对舍不得的东西——头!小白脸一琢磨,没有了头吃啥也不香了,还是留着吧。不过,他从此赌气不再另觅新欢,他的一颗痴情而又躁动的心,始终没有离开令他丢魂失魄的露美人。

露美人同样如此，她被迫无奈嫁给黄金荣后，也是无一日不思念薛君。她觉得如果自己的人生是一部电影，黄金荣就是那弹出来的广告。

她天天在心里念叨着薛公子，就连与黄金荣做爱时，也把压在自己上面的麻面老男人比作年少的小白脸，如此这般才能勉强完成一次次的颠鸾倒凤。每次房事之后，她都痛恨着黄金荣那老牛嚼嫩草般的摧残。所以，她暗地里冒着风险与小白脸通电话，倾诉各自强烈的思念之心与爱恋之念。

碍于初次见面，露美人没有发作，但是没过几天，她就开始对巧慧使开了手腕，想法子要把这个很可能是黄金荣派来的眼线从自己身边弄走，另外从家乡物色一个可靠的女佣来。

娶进露美人后，原来夜不归宿的黄金荣变得天天准时回家睡觉了。这天，黄金荣回家稍微晚了点，露美人正坐在房间里听唱片。

"怎么今天这么晚才回来？"

"巡捕房里有点事，下班晚了点。"黄金荣在外喝了酒，打着酒嗝，舌头也有点硬，酒性使他浑身欲火中烧。他一边脱鞋摘帽，一边乜斜着醉眼，盯着露美人上下好一番打量。

这天的露美人格外迷人，她刚从浴缸里出来，粉脸透红，目荡流波，发如乌云盘顶，腰似柳枝轻摇，细挑身材，胸乳丰满。当真是人见人爱，花见花开。

黄金荣见状，一头扑了过来。岂料露美人把身子一闪，黄金荣扑了个空。

黄金荣以为露美人又在和自己开玩笑,便嘴里"宝贝心肝"地乱叫一气,再次扑将上去,却又被露美人一只香手按住了厚嘴巴。

"亲,怎么了?"黄金荣大感不解,"大姨妈又来了?"

露美人佯怒地打了黄金荣一下:"嚼啥个蛆!我有话要对你讲,讲了再干也来得及。"

"啥事你就快讲嘛。"黄金荣欲火升腾,急不可耐。

"我要换人。"

"换啥人?"

"麻……哦,是徐巧慧。"

"她惹你生气了?"

"那倒不是,是她年纪大了。"

黄金荣不以为然地说道:"大啥?做阿妈的,越老做事越稳当细心嘛。"

"你不晓得,她做事体总是丢三落四的。"

"你要换啥人?"

"换一个我自己家乡的女佣人,她叫……"

"好了好了。"黄金荣已猜到露美人的心思了,她一定认为巧慧是自己安插的眼线,所以浑身不自在,想方设法换掉巧慧,"这一阵家里开销大,手头有点紧,进人的事还是过一程再说吧。"

"不要,不要嘛!"露美人卷紧衣服,绷起面孔,不依不饶,"这么一点点小事,你也要推三拖四不答应,你心里根本没有我。"

"好好好，我的心肝！"黄金荣已经急得快冒火了，"我同意了，这下总满意了吧？"

露美人见目的达到，转嗔为喜，把黄金荣搂了过来……

事后，黄金荣搂着露美人的娇躯说："换人的事你再将就几天，等我把巧慧安排好。"

2、小女子劈腿涮麻皮

不久，苏州那边发生了一起案子，黄金荣奉命走了一遭，这一去就是十几天。这消息不啻一筒上好的纯香鸦片，顿时勾起了露美人的旧情。她太想念薛公子了，尤其当她听说薛恒为了她，发誓这辈子再也不沾别的女人后，她感动得稀里哗啦。所以，她要趁黄金荣去苏州出差之机与小白脸鸳梦重温，再叙旧情，聊补对他的歉意。

为了不走漏一丁点风声，露美人绞尽脑汁，将私会之处定在了远离钧培里的都城大饭店，提前预订了房间。

现在，黄府里只有露美人一位正房夫人，她要上哪里除了黄金荣敢过问之外，别人屁也不敢放。何况露美人这回私约幽会之前，已放出风来，说是要回一趟老家，处理些家务琐事。所以，

徐巧慧也落得眼前清静,任由少奶奶自去。

日子一天天过去,露美人在外的劈腿私会一直未断。

其实,露美人也始终在考虑着自己的前途。事到如今,她与薛公子到了不可分开的地步,离开黄金荣之心越来越坚定了。但是,长期这样偷偷摸摸地,总有一天要东窗事发,那麻烦就大了。与其被动,不如主动,露美人希望有一个最理想的办法,使自己名正言顺地离开黄金荣。

思来想去,露美人想到了黄金荣的保险箱,那里面藏着他的许多秘密。保险箱只有一把钥匙,系在黄金荣的腰带上。晚上睡觉时,他把这条拴着钥匙的腰带挂在床头或压在枕下,须臾不离。

有一次,露美人假装无意地摸着这把造型与众不同的钥匙问道:"金荣,这是把什么钥匙呀?样子好奇怪。"

黄金荣直言不讳:"是保险箱上的钥匙,是我的全部身家性命哪!"

于是,露美人趁黄金荣睡觉的时候,私自配了一把钥匙,打开了保险箱。保险箱里放着一叠叠文件,这些文件是江湖上的秘密、官场上的罪证。

一日,黄金荣从外面回到家里,不见露美人,便问徐巧慧。

"回老爷的话,少奶奶前天出去后,还没回来。"

"她上哪儿去了,你不知道吗?"

"她什么也没对我说,我也不敢问。"

"怪事,这女人怎么像吃了熊心豹子胆,对我也不说一声，就出去了？"一种不祥之兆涌上黄金荣心头，他忍不住骂将开来。

然而，不等黄金荣发作，露美人的电话已经打过来了："金荣，我多想一个不小心和你白头偕老啊，但做不到，我们好聚好散吧。"

"什么？兰春你说什么？"黄金荣怀疑自己的耳朵听错了。

"我们离婚吧。"

"什么？！"黄金荣这一惊非同小可，"兰春，你真幽默，用分手来试探我有多爱你。"

"我不是开玩笑，自从到你黄家我就这么想了。"

"你……"黄金荣像被人兜胸猛击了一掌，手中的电话筒脱手落下，蛤蟆般的大嘴张开着，久久闭不拢。

"金荣，你怎么不说话呀？你听到没有？"露美人还在一声接一声地呼叫着。

"别让我见到你，见到你一脚揣不出你屎来，算你拉的干净！"黄金荣气得把电话机连同话筒狠狠摔在地上。

电话机的粉碎声，惊动了楼下的保镖们，他们不知出了什么事，连忙三步两脚蹿到楼上。

"快给我叫阿德（虞洽卿）来！"黄金荣冲着保镖们咆哮了起来。每当黄金荣遇到棘手的事，第一个要找的就是虞洽卿。

"是！"保镖们哪敢怠慢，惊枪兔子似的转身蹿下楼去。

虞洽卿很快来到了黄金荣面前，他弄明白了眼前发生了什么事，沉吟片刻，作出了初步的判断："荣弟，露兰春敢当面向你提出离婚要求，恐怕来者不善，善者不来！"

黄金荣也早料到这一点，所以恨恨地直点头："阿德哥，你说是谁借给这小婊子这么大的胆？"

"只有两种可能。"

"哪两种可能？"

"一种是敢于接下她的那个人，这人肯定有来头，而且来头肯定比你大、比你硬，托得住她！"

"我丢他老母！我谅他在上海滩上还没生下来！"黄金荣破口大骂起来。

"还有一种，荣弟你有没有把柄被那娘儿们抓住，而且这是个致命的把柄！要不，她不敢如此猖狂。"

"这……"

虞洽卿一语提醒了黄金荣，他跳起来，直奔暗房里的保险箱，打开一看，里面的东西荡然无存，黄金荣顿时傻了眼。

黄金荣清楚这些纸片的重要性，尤其是那些贩卖鸦片的凭证，一旦落到法院手中，自己无论财产，还是名声都将蒙受重大损失。

面临危境，黄金荣只好听从虞洽卿的：与露美人私了此案，成全她那不要脸的幸福！看来生米煮成熟饭已经没有用了，就算变成爆米花，该跑的还是会跑。

露美人正盼着靠这些铁证，逼迫黄金荣在离婚证书上签字呢。但私下了断，露美人总不放心，于是，她要求非有法律公证出面，才能与黄金荣了结这段孽债。无奈，黄金荣只得托杜月笙请来上海会审公厅的大法官为双方调解：露美人交回她卷走的全部文件,黄金荣正式签下了离婚书。

黄金荣混了一辈子江湖,最后被一个小女子给涮了,真憋气!不过,自从露美人走了以后黄金荣发现:腰不酸了,腿不抽筋了,上五楼也不费劲了,早上还能一柱擎天了!

3、这礼到底该如何送

春去秋来,寒来暑往。转眼间到了1927年的春天,沪杭一带老百姓奔走相告:上海工人经过三次武装起义,终于取得胜利,赶走了军阀,上海光复了!

面对这么个大好形势,却有一个人焦躁不安,他就是蒋介石,如今已是北伐军总司令了。

此时的蒋介石已非几年前躲债离开上海滩时的光景了,他是坐了一艘炮艇来的。炮艇停在外滩公园对面,在舰桥上从望远镜里看,隔着一条苏州河,正面是闸北,余烟缭绕,枪声稀疏,已被工人攻下来了;斜对面是外国租界,几千个洋兵守卫着。

"这样的好地方,难道让共产党、工人捞得去?等着吧!"蒋介石恶狠狠地自言自语着下了舰桥,命令军舰开到南市董家渡附近靠岸。

在上海的黄金荣前几天便得知蒋介石要来上海的消息,心里格外高兴,也格外忙碌。为了接待这位总司令,黄金荣连夜让理发师给他理了个板寸,青青的头皮在短发间忽隐忽现,显得精神劲十足。

当夜,黄金荣便把杜月笙、张啸林等人叫来开个座谈会,商量迎接蒋介石的办法。

黄金荣首先开口:"阿元(蒋介石原名瑞元)这孩子终于出息了,更难得的是,他还没有忘记我。我当初就说阿元这孩子不错,怎么样?"

"大哥,人家现在可是北伐军总司令了。"杜月笙提醒说。

"对,对,现在他已是蒋总司令了,来了,我们应该送给他一些见面礼。"

"应该,应该。"张啸林在一旁附和起来。

"送什么好呢?"黄金荣搔着头皮说:"要不送他十几根金条吧。"

"金条情意太轻,要送就送一只纯金的大匾,上面写'功高盖世'四个大字给他。"此时张啸林也很兴奋。

"好!好!那就送大匾吧!"黄金荣乐哈哈地端起桌上的一杯茶喝了起来。

"大哥,这不好吧。"杜月笙在一旁插话道。

"怎么?难道不送?"黄金荣放下茶杯,疑惑地说。虽为把兄弟,这智商还是有差别的。

"当官的不打送礼的,古今都是一样,礼肯定要送!只是送什么，怎么送，这很有讲究。送得好，人家心花怒放；送不好，就如同是拍马屁拍到了马蹄子上去，好处得不到，反而被踢个眼青。"

"嗯，有道理。"黄金荣表示赞同。

"现在的蒋总司令可不是几年前落难的阿元了，送几根金条？忒俗！再说，他现在也不稀罕几根条子。送一只大金匾也不行，那样，显得像是跟谁斗富一样。"

"那你说该怎么样？"黄金荣的智商明显跟不上趟了。

"对总司令来说，现在什么最重要？"杜月笙问道。

"你说什么最重要？"

"面子。"杜月笙说。

"这面子最重要又怎么样？"黄金荣还是有些不明白，他复杂的五官掩饰不了朴素的智商。

"我们就送给他面子！"

"这面子怎么送？"

"当年，蒋总司令离开上海滩前，不是向大哥投过门生帖子吗？你现在退还给他，就是最大的面子。"

"你说得对哈！"黄金荣一拍大腿，"我怎么就没有想到呢？人家现在是堂堂的北伐军总司令，不能动不动还要拜我呀！"

"这帖子是得退！"张啸林也附和着。

"我想，是不是这样，"黄金荣说："明天我们一起去迎接他，把帖子带着，见到他后，就退给他。"

"不，不！"杜月笙连连摆手，"我早想过了，当场退，蒋总司令一定会感到很难堪的,不可取。"

"那怎么办?"

"当初,是虞洽卿带他来投拜帖的。解铃还须系铃人,你就把帖子交给虞洽卿,要他转交给总司令。"

"好!我现在就给阿德哥打电话,让他等着我,明天一早把帖子送过去。你们也都快回去歇着吧,明天一早早点来,我们要多带着人,去迎接他。"

第二天,黄金荣麻脸上笑容可掬,麻点上泛着光彩,双手不时地互相搓揉。一听见门外汽车声,他便带着杜月笙、张啸林及自己一家老小迎了上去。

身着黄呢军装的蒋介石跨下黑色轿车,毕恭毕敬地向黄金荣行个军礼,亲切地问候道:"先生身体可好?"

"托总司令的福,我身体很好。"

蒋介石与杜月笙、张啸林等人逐个拱手致礼,众人拥着蒋介石走进黄家公馆客厅。

等大家坐定,献完茶以后,不等蒋介石开口,黄金荣便拱手奉承道:"总司令光临寒舍,我黄金荣不胜荣幸。刚才,总司令叫我先生,我实在不敢当。老早的那段关系已经翻篇了,那张红帖我已交给虞先生送还。"

蒋介石微笑着,摇摇头说:"先生总是先生,过去承黄先生、虞先生帮忙的大恩,介石没齿难忘。"

说着,蒋介石从怀里取出一只黄灿灿的金挂表,双手送到黄金荣面前:"这是我送给黄先生的纪念品,聊表心意。"

黄金荣双手接过，连连称谢，喜不自胜。以后，他就将这只金表当作镇宅之宝，每逢喜庆大事，总要在众人面前拿出来炫耀一番。看来他不光敢收金表，还敢戴呢；他不光敢戴，还敢露呢；他不光敢露出来，还不捂着呢；他不光不捂着，还敢乐呢。这就是实力！

"我刚到上海，这里的市面行情不清楚，有些事情还要先生指教。"

"总司令有什么事，只管吩咐，我一定会竭尽全力的。"

大家聊了一会，外面有个卫兵进来，递给蒋介石一份电报。他看了看，站起来说："军务在身，不能久留，介石这就先告辞了，改日请先生到司令部来，我们再见。"

蒋介石从黄宅告辞出来，随即把司令部从舰上移驻龙华。于是千年冷落的龙华小镇，在这一年的春天却突然热闹起来。

4、师徒之间互捧臭脚

4月5日清明这一天，黄金荣一大早便上漕河泾祭扫祖坟，在小镇上盘桓到下午两点光景，坐车到龙华，登门拜访蒋介石。昔日恩师登门，蒋介石自然十分客气，迎入客厅敬烟、沏茶，忙得不亦乐乎。

宾客双方坐下，蒋介石开口了："先生，那天在你家，由于人太多，不方便，我就没开口。其实我有一件很重要的事，要先生帮忙。"

"什么事？"自从退回门生帖子，蒋介石还是一口一个先生地称他，黄金荣觉得很有面儿，现在有事请教他，哪能不受宠若惊。

蒋介石毫不忌讳地告诉他要解决共产党的事。

黄金荣一听，大腿一拍，说："这些共产共妻的坏蛋，让我带领青帮兄弟去杀他娘的。总司令，你不用愁，法巡捕房早在上个月，就让我组织起纠察队在公馆马路、霞飞路上巡逻，防止工人武装进租界捣乱。现在我可以把这批人马拉出去，打共产党！"

"不，不，"蒋介石连连摆手，"靠你这点力量不够，而且用青帮的名义，也不太方便。"

"那怎么办？"

"这样，你先不要着急，马上我让陈群、杨虎两人到这儿来，具体情况你们可以商量着办。"蒋介石说着叫卫兵去叫陈、杨。

不一会儿，进来三个人，蒋介石给他一一作了介绍："这一位是陈群，我军的政治部主任。这位是你熟悉的，杨虎杨啸天，上海的警备司令。这一位是大秀才陈布雷先生，他也是老上海。"

黄金荣和三人一一拱手见礼。

蒋介石笑着说："都不要客气，都是自己人。陈主任、杨司令，这里的事你们再商量一下，我与陈秘书还有个会要开，先走一步。"

蒋介石带着陈布雷走到门口，又回过头来特意向陈、杨两位关照："你们谈好了，请黄先生吃了夜饭，再派人送他回去。"

于是，黄、陈、杨三人商量起来，决定利用青帮组织，组织一个"中华共进会"。

不久，杜月笙以"中华共进会"的名义，请上海总工会委员长汪寿华赴晚宴，随即将他诱杀。消息迅速报到南京，蒋介石立即发布密令："已克复的各省，一致实行清党。"

腥风血雨就要来临了！

4月10日深夜，哗哗大雨下个不停。爱多亚路安乐宫旅社内一间小房子里的电话铃响了，坐在沙发上闭目养神的黄金荣猛地一惊，随手抓过沙发旁的电话听筒。

"黄先生吗？我是杨虎。"电话里传来的是警备司令杨虎的声音。

"杨司令，你好！陈主任来过电话，他要我等你的命令。所以，今夜我一直坐在电话机旁，等待杨司令的吩咐。"

"一切都准备好了吗？"

"万事俱备，只欠你的'东风'。"

"好，干吧！"

11日凌晨，狂风夹着暴雨，敲击着安乐宫旅社一间密室的玻璃窗。黄金荣背窗坐着，两个徒弟马祥生和金廷荪并排站着，听候师父的命令。

"你们俩各指挥一队，祥生攻商务印书馆，阿荪攻东方图书馆。要打起工人的旗号，早先准备好的衣服和符号都穿好、别

好。要装得特别像,不要露马脚,知道吗?"

"知道,知道",马祥生不停地点头,"只是我手下只有五百来人,少了点,师父是否再拨点人马给我?"

"五百人还不够?要不要老子再给你配一个连?什么工作效率,这个月奖金甭想要了!"

"这个……"

"这什么这,速度滚蛋!"

马祥生与金廷荪冒雨走了。

凌晨3时,宝山路一带突然响起枪声。一群群手持武器的地痞流氓打着工人的旗号,突然围攻商务印书馆工人纠察队与东方图书馆工人纠察队总部。工人纠察队仓促抵抗,双方发生激战。

这时,早已埋伏好的反动军队突然冲出来,借口"工人内讧"强行收缴双方的枪械。就这样,上海武装工人纠察队全部被解除武装。

当天上午,反动军队占领了上海总工会,并拘捕共产党员和工人领袖。就在4月12日这一天,帝国主义在上海的侵略军疯狂搜捕共产党员和工人1000多人,交给蒋介石的反动军队。

反动军队的暴行大大激怒了上海工人,他们举行了声势浩大的游行。然而,反动军队接到蒋介石的屠杀密令,已经埋伏在游行队伍必经的地方,准备制造大血案。

当游行队伍走到宝山路三德里附近时,反动军队突然用机枪向徒手工人群众扫射,当场死亡群众百人以上,伤者无以计数。当时天降大雨,宝山路上一时血流成河!

"四·一二"上海大屠杀之后,蒋介石独揽大权,露出了狰狞的面目，对共产党人和革命进步人士实行恐怖政策，顿时，全国上下都笼罩在一片黑暗之中。

黄金荣由于屠杀共产党有功，被蒋介石委以国民政府行政院参议和军事委员会少将顾问头衔。他内心里时常充满感激，认为自己一生中最英明的决断，莫过于收蒋介石为徒，赠送蒋南下的路费。

5、要退休了真心不爽

1927年农历十一月初一，旧上海沪西道上，十多辆车川流不息，车上装的全是些鱼肉菜蔬，驶往黄公馆。黄公馆大厅里装饰一新，香堂悬灯结彩，地上满铺红毯，四壁挂满了人物画屏，傍设紫檀大椅，布置得真是高端大气上档次。乐人们在堂外声和细管，曲逐箫随，悠悠扬扬，帮闲们穿梭不停。一时锣鼓喧天，鞭炮齐鸣，人山人海，好不热闹。更为引人注目的是那摆设在厅廊的三百多桌盛大酒席，一眼望去竟看不到边。

这天，是黄金荣六十大寿。

上午十时，一名特别贵宾登门贺寿来了，这人就是蒋介石。他是特地从南京赶来上海祝贺的，并随身带着五百人的卫队。老蒋进入大厅，在寿诞案前立定端端正正地行了三鞠躬礼，然后拿出自己的一份贺礼———一支德国制造的手杖式手枪。这支手枪，外似手杖模样，乌黑而发光；手杖的弯把处有机扣，而手杖外表却看不出机扣的痕迹。老蒋把这支手枪双手敬送给老头子时，还在老头子和众把兄弟们面前作了实弹射击表演。

黄金荣收下这份珍贵的礼物时，那张麻脸上不由浮现出志得意满的笑容。

这天后半夜，法租界黄公馆的拜寿客人都已陆续告辞，只有大厅里三桌麻将还在酣战着。

受了几千名大弟子拜谒以及蒋总司令和上海滩名人们祝贺之后，显得飘飘然的寿翁黄金荣，这时独个儿坐在卧室的大穿衣镜前，呆呆地端详自己。他不时用左手摸着光秃秃脑门，两片厚嘴唇微微张合着，发出叹息："老啦，老啦！年轻的时候，我常常冲着镜子做鬼脸；年老的时候，镜子算是扯平了。"

白天，他端坐在太师椅上，受徒子徒孙们朝拜，麻脸上乐出了鼻涕泡，但为什么在这后半夜里，他会长吁短叹呢？原来，黄金荣自有他的苦衷。

从1892年进入巡捕房当包打听以来，黄金荣在外国人手下已干了三十五个年头。在这几十年中为洋主子卖力卖命，好不容易得到主子的赏识，一步一步由包打听爬到督察长的宝座，费了多大的力气！

但只要是能往上爬，就是再费劲，黄金荣也是不在乎的。问题是要再往上爬，已是不可能了。督察长上面便是副总监与总监，这是要高鼻头、蓝眼睛、白皮肤的洋人才可以坐，塌鼻子的黄金荣是没有这个福分的。

最他娘的令人无奈的是，按照洋鬼子的规矩，人过60岁，便要退休，离开工作岗位。前几天，法捕房总监乔辨士已经传出话来：做过60大寿以后，黄老麻皮就该退休享福了！

听到这个"逐客令"时，黄麻皮心里有数了：洋鬼子说这话，那是因为有人想抢督察长的这把交椅。这人是谁呢？不用猜，黄金荣便知是一直与自己作对的沈德福。

当他想到此处，哪有不悲伤的？但他毕竟是个跌打滚爬出来的铁血真汉子，就算再想哭，也要微笑着说一句：你大爷的！

不过，自己白白地退休，把苦心经营起来的捕房让给沈德福那小子？没那便宜事！想当年在总监石维也家拜年，那斯出言不逊，老子一走了之，让法捕房到处抓瞎，闹得鸡犬不宁。今天，我还是有这个实力的！当年我能对付石维也，今天就能对付得了乔辨士。想跟我玩？你们还嫩点！

楼下的麻将打了没几圈，黄金荣已想好了主意。他让佣人请来杜月笙，征求意见。

"大哥，俗话说人走茶凉，你这督察长乌纱帽一摘，谁还认得你姓黄的？这么白白离开巡捕房，有什么意思？不行，得和这些洋人理论理论。"杜月笙一听黄金荣要退休，马上说开了。

"理论什么，洋人都是这规矩，不论你当什么官，只要过60岁，都得退休回家，由不得你我的。"

"那就这么窝窝囊囊地走了，到老来一场空？"

"我这不正在想办法嘛！"

"有什么办法可想?"

"你别急嘛,我是那样的软货吗?别人想怎么捏就怎么捏?"

"大哥,你到底打算怎么办?"

"嗯,告诉你,他们不是要我退吗,那我就退给他们看看。到时候,我要他们还得听我的,我要当他们督察长的督察长!"

"什么是督察长的督察长?"

"我退职以后,推荐金九龄当督察长,让程子卿当政治部主任。这两个人都是我一手提拔起来的,会听我的话的。法捕房的权还照样捏在我的手掌心里!"

"你想当'太上皇'?"

"对了,我就是要当'太上皇',像慈禧老佛爷那样'垂帘听政'。明里是退休,暗地里叫捕房的事情还得听我的。这样,我就会有更多的时间同你一起办戏院、开公司、贩鸦片,捞更多的钞票。这一来,日子比当督察长还要威风呢!"

6、苏州散心搬来飞贼

几天后的下午,黄金荣将辞呈亲自送给法捕房总监乔辨士。出乎黄金荣意料的是,老乔连一句挽留的话都没说,只是礼节性地征求一下意见:"老黄啊,你认为谁可以接替督察长的职位呢?"

"我觉得金九龄很合适。他本事大,头脑灵活,办过不少漂亮的案子,当督察长应该说是不成问题的。"黄金荣故意略作沉思后,讲出早已想好的话。停了停,他又补充一句,"程子卿的本领也不差。"

老乔"唔唔"了几声,便从写字台边站起来伸手给黄金荣。要是往常,洋人先向自己手下伸出手来,表示握别,该算是多么大的荣誉啊。可是这会儿,黄金荣心里却不是滋味,好像肚里吃进了一只苍蝇。

"妈的,一帮杂毛儿,狂什么狂?我们走着瞧,看你会不会回头叫大爷!"黄金荣离开巡捕房的时候,心里愤愤地想着。

俗话说,"无官一身轻",退休后的黄金荣在他做过六十大寿后的第七天,便来到苏州散心。

苏州是黄金荣的出生地,也是他父亲发迹的地方。虽然几十年前,黄家并不辉煌地离开了这儿,可如今归来,黄金荣怎么说也算得上衣锦还乡了。

衣锦还乡,自然风光。黄金荣一到苏州,忙坏了一批人。像他这样的人,无论在哪里都像漆黑夜里的萤火虫,够鲜明够出众。

第一个把黄金荣接到家里奉为上宾的是刘尚仁。这刘尚仁的父亲叫刘正康,与黄金荣的父亲黄炳泉是同一个衙门当差的好朋友。当年,黄金荣落魄来苏州就是投靠的刘正康。

刘尚仁青出于蓝而胜于蓝,守成又创业,不几年便造起洋房花园来,整的比老子更大,在苏州城威震一方。此次黄金荣的到来，使他心花怒放，决心借上海麻皮来助助威，压压那些不服气的人。一连几日，刘府之中大宴宾客。

这期间，三年前曾特地到上海拜黄金荣做老头子的苏州警察局侦缉队长曹安昌，到各个红灯区中挑选了三个名优，每天为老头子提供服务。

所谓名优，自然有其特长。除了长相好、身材俏、服务态度端正，关键是技术要一流。三女可谓是各有千秋，各有所长。总之，黄麻皮昨天夜里大汗淋漓。第二天，三女服了，彻彻底底被黄麻皮征服了。不得不说，这老家伙吃得好，这身体就是不一样，不服不行。

黄金荣白天里赌钱，晚上抽大烟睡女优，喝多了就睡，憋不住就尿，日子过得蛮舒坦的。

这天，刘家的佣人来通报，上海黄府派人来送信。黄金荣一听，知道有事，便草草地同一个女优结束了"战斗"。

原来，来人是黄金荣的秘书骆振忠，他带来一个坏消息：捕房总监任命沈德福为华探督察长，沈走马上任之后，几个要害部门都换上自己人。目前，他正在暗中排挤黄党，情况非常危急，要黄金荣赶快想出应付办法。

黄金荣一听，哈哈大笑："这一点小事情，你就沉不住气？督察长这把交椅，姓沈的能坐上两个月就不错了，好戏还在后头呢！"

"师父，这戏怎么演，你得给个话呀。"骆振忠怪师父整天在苏州泡妞，不问正事。

"怎么演？九龄和子卿两人心里不是有数吗？照计行事就是了。"

"九龄和子卿跟我说了，上海方面都准备好了，你在苏州准备的怎么样了。"

"嗯，嗯，这个，这个……回去告诉九龄他们，我这就去办，这就去办。"黄金荣连连表态。

骆振忠走后，黄金荣决定，不能再玩女人、赌钱了，上海方面正等着"米"下锅呢！

黄金荣到苏州来是散心的吗？不是！

原来在上海的时候，黄金荣便听说苏州监狱关有一个人叫"水上飞"的盗贼，十分了得。此人善于伪装自己，可以攀岩走壁，空手入室，是不可多得的"空空妙手"。

黄金荣此行就是为了"水上飞"而来，他要把飞贼"借"到上海，闹他个天翻地覆。

骆振忠走的第二天上午，黄金荣穿了件直贡呢的灰色长袍，西裤下是一双橙黄的皮鞋，头上戴着一顶黑礼帽，手中拄着文明棍，脸上戴一副黑眼镜，在曹安昌的陪同下，坐着汽车直驶苏州警察局看守所。

车子在石子路上拐了几个弯，开到看守所的门前，吱地一声停下。门卫见是曹队长的车，忙打开铁门，把汽车引到看守所的院子里。

听到汽车声，看守所长奔上前，等汽车一停稳，便弯腰拉开车门，让出人模狗样的黄金荣和曹安昌。

所长领着黄、曹两人参观监牢。当他们走到一间单身门口时，曹安昌问道："这小子是谁，还混个单间？"

"他便是大名鼎鼎的太湖贼水上飞，是个重犯。"

黄金荣"哦"了一声，凑近铁栅，摘下墨镜看个仔细。只见角落里坐着一个上了脚镣手铐的青年人，耷拉着脑袋。

黄金荣故意拨拉一下铁栅门上的那把大锁，回头说："在我们巡捕房和西牢里，这种单面弹子锁已经不用了，打开这种锁很容易。"

"黄督察长说的是，这里的设备陈旧，目前只是凑合着用，没法跟租界里的监牢相比。"曹安昌故意将黄金荣的头衔当着犯人的面亮出来。

"水上飞"一听法捕房黄督察长，抬头一看门外正是一张乌黑的大麻脸。黄金荣看到这人干瘪的脸上露出惊奇的神色，便友好地眨了眨左眼，转身朝看守所长努努嘴。

看守所长立即欠着身子往前领路，曹安昌落在后边，悄悄地将手里的一个小布包扔进监牢里。

"水上飞"听到咔嗒一声，有个小包落在他的脚边。他乖巧地用脚踩住，等脚步声远了，才挪动屁股，背脊朝外，打开小包一瞧：一张小纸条包住三把钥匙。纸上歪歪斜斜地写着一行小字："三天后石家饭店相见，看完吃掉。"

7、退而不休再次上岗

三天后，酒足饭饱的黄麻皮正在石家饭店楼上呼呼大睡，楼下响起了敲门声。

"谁呀？"店小二问。

"黄老板请的太湖客。"

店小二将打着呼噜的黄金荣推醒。黄一听是太湖客到了，一骨碌坐起，穿衣梳洗，然后到隔壁房相见。

来人正是太湖贼水上飞。

那水上飞得到三把钥匙后，便知是黄金荣暗中搭救。他撕碎小纸条，塞进嘴里一边嚼一边想："他救我，必然有求于我。我不如趁此时机，改换门庭，投在他的门下，到上海滩混混，也不枉一世为人。"

水上飞打定主意，在第二天的后半夜乘人不备，打开脚镣手铐，再开铁栅门，人不知鬼不觉地"飞"出了看守所。

现在两个人一见面，水上飞跪在地上就是一阵猛磕，口称："恩人在上，请受我一拜！"

黄金荣摆开礼贤下士的模样，上前扶起水上飞，让他坐在自己旁边，亲切地问："没吃苦头吧？"

"擦了几下，没伤筋骨。"

"总算运气，我在上海听说你这次失风，特意赶来搭救你一把。"

"督察长，从今以后，你就是我亲哥。有事儿你就说吧，只要我能办得到的，就算是刀山火海，我要是眨一下眼睛，我就不是我妈生的!"水上飞彻底被黄金荣征服了。

黄金荣习惯地用叉开五指的左手，搔了几下秃顶，慢吞吞地分析道："你这一脱身，苏州地方风声就紧了。还是到上海去避避风头吧!要不就……"

说到这儿，黄金荣停住了嘴，脸上现出犹豫的神态。水上飞很有眼力见儿，见恩人说话吞吞吐吐，立即凑上一句："督察长，你有事只管吩咐!"

"好吧，你到上海去做笔生意。"

黄金荣拿过随身所带的皮包，从里面抽出一张白纸片，是张路线草图。黄金荣将它摊在桌子上，两颗脑袋凑在一起，边看边喊喊喳喳地合计着。

当夜，水上飞搭船去了上海。

当黄金荣从苏州回到上海时，法租界早已炸开了锅。

先是法国驻上海领事家里的一只价值5000法郎的波斯猫被偷。接着，捕房总监乔辨士家里又失窃，一小箱拿破仑金币、一只三克拉钻戒与两件貂皮大衣被盗。更令人心惶恐的是，第三天夜里，新任督察长沈德福家里也被盗。

这一来，法租界里有些资产的上层人家人心惶惶，天天夜里不敢睡觉。有的甚至想迁出法租界，搬到公共租界去住。

这下，沈德福的日子难熬了，他心里直叫苦，真是想督察，盼督察，当上督察，一团乱麻。

正当沈德福一筹莫展之时，黄金荣从苏州回来了。当晚，乔辨士就得到了这一消息。

第二天下午，黄金荣午睡刚醒，门房来报，有洋人来访。黄金荣心里知道，这回洋鬼子吃瘪了。他倒也没怠慢，说了声："快请！"

大铁门开了，"嘀嘀"两声，一前一后两辆乌龟壳缓缓地开进来，在台阶前戛然停住。第一辆车下来一个洋人，便是总监老乔——乔辨士。他下车后，连忙往后一辆车子奔去，伸手拉开车门，躬身请出一个人来：法国驻沪领事老杜——杜来！

黄金荣没想到老杜竟会亲自来，不由得几分发慌，但很快就镇定下来，点头哈腰，满脸是笑，将两人迎进精致的小客厅里。

"不知两位贵客临门，有失远迎，实在对不起！"

"老黄啊，你刚到家，我们便来叨扰，你别介意啊！"

"总领事实在太客气了！"

寒喧告一段落后，老杜便直奔主题而来。

"老黄啊，前几天这里发生了几件事，不知你听说没有？"

"昨晚听家人说了，但详细情况不清楚。"

"你刚一走，我们这儿就乱了套了！"老乔说。

你这头瞎熊，眼睛早长哪去了！黄金荣在心里骂道，嘴上却很慎重地问："沈督察长准备怎么下手？"

老乔摇摇头，说："他现在成了没头的苍蝇，胡乱撞一气，一时拿不出什么好办法来。我们这次来，就是请你看看的。"

"老沈真的没有法子可想？"两个洋人一个劲地问黄金荣怎么办，而麻皮却总是绕着弯子问沈德福准备怎么办，就是不肯轻易说出自己的主意。

老杜是明白人，知道黄金荣不见真佛是不会下拜的，请他帮忙，还是不能玩弯弯绕。他爽快地说："老黄啊，这几天我与老乔商量好了，您虽然退休了，余光余热还是有的。我们已聘请您为租界治安特别顾问，请万勿推辞。"

"是呀，聘书正在打印，明天就举行颁发仪式。"老乔此时也成了见风使舵的高手。

"租界里有什么困难的地方，只要招呼一声，我黄金荣怎会不卖力呢？至于特别顾问的头衔嘛，就不必挂了！"再推一次。

"你不要像垃圾桶一样，一直装啊装啊装啊装。俗话说'名不正，言不顺'，这顾问你是要当的，这几起案子也非得你亲自出马不可。"老杜对中国了解还颇多。

"妥了！"两推已过，该拉了。不过这话黄金荣是不能明讲的，这时候要讲究技巧，"既然老杜这样顶我，再不帮忙，就忒能装了！我这次就来硬撑试试。不过，这是我们在这里讲，老沈那头案子还是照办。他手下的人马，只要把探长金九龄调过来，其余的就不占用了。"

两个洋头见黄金荣答应帮忙破案，十分高兴。而黄金荣见洋人果然被牵着鼻子走，自然开心。

8、牵着洋人的鼻子走

几天后,黄金荣打电话给乔辨士,说昨夜金九龄抓住了一个案犯,事关重大,审问时最好总监与沈督察长到场指导。

老乔这几日被窃贼闹得一个头两个大,一听抓到人,哪有不想亲自审的?他让黄金荣与金九龄把犯人押到法捕房总监写字间来,他要亲自审问。

总监写字间玲珑小巧,一张乌木写字台占了房间一半。台子后边的一张安乐椅上,坐着老乔。他的左手边是黄金荣和金九龄,右手边是沈德福。

不一会,两个便衣华探押进一个人来,他不是别人,正是太湖贼水上飞。

水上飞很乖巧,其他几个人盘问时,他总是支支吾吾,答非所问。等到老乔问话时,他便老老实实地招供了。

他说:"我们是师徒两个人一道在上海做这路生意的。前些日子,听说法租界的督察长黄金荣下台了,没什么好怕的了,师父便说可大干一番。没几天,师父就上领事府、总监家里偷了个痛快。前些天师父说,现在新上任的沈督察长已是焦头烂额,无法顾家了,你可到他家露一手,肯定能发笔不小的财!"

"发什么财?"老乔问。

"大土。"水上飞说,"师父说,沈德福那孙子名为督察长,实际上是个鸦片贩子。他的床底下堆着几大箱印度大土,别人谁敢动他?你可以去搬他娘的几箱来……"

"砰"的一声,一只茶杯砸在墙壁上,那是沈德福向水上飞掷过去的。水上飞头一歪,正好落在墙上,瓷片洒了一地。众人被这一家伙吓呆了,没作声。

但黄金荣坐不住了,他不阴不阳地说:"老沈,审案子是你这样审的吗?你如果认为我在这里不合适,那我可以回避!"

"这贱骨头血口喷人!"沈德福吼叫起来。

"不要激动嘛,他不是广场上算卦的,唠不出那么多你爱听的嗑。"金九龄似笑非笑地劝道,"如果犯人胡说八道,有意栽赃诬赖,那是要罪加一等的。我看这事并不难弄清楚,只要看看赃物,再去实地勘核一番,不就可以水落石出了吗?"

"赃物?"老乔问。

"是的,这家伙偷的大土被卑职截获,如今正封在强盗班的写字间里。"金九龄边说边走到门口,向外喊了声:"起赃。"

两个便衣华探奔过走道,一会儿捧来三个薄板白坯小箱子,每只箱子尺把长五寸来宽。乔辨士拿过一只,放在乌木写字台上,让金九龄打开。

一股异常香味冒了出来,黄金荣、沈德福,还有低头缩在一边的水上飞,都不约而同地耸了耸鼻子,精神为之一振。再把那箱子里几层纸拨开,露出乌黑发亮的九只坨子——这的确是地道的印度大土。

"这是你偷的?"老乔脸色铁青地问水上飞。

水上飞低头不语。

"是从沈督察长家里偷来的?"老乔又问。

水上飞还是低头不语。

"说话呀!"老乔发火了。

"我害怕。"水上飞低声回答,他没忘记黄金荣说的话:假戏真做,演员就要有你演员的素养!

听到这儿,黄金荣拉着金九龄急忙站起来,向对面的沈德福瞟了一眼,朝老乔拱了拱手,起身告辞:"老乔,我与九龄在此多有不便。这件案子,还是由你来审吧。"

这时,沈德福脸上红一阵白一阵,脑门上直冒汗珠子,喉咙发干,几次要开口,可是舌头发僵不听使唤,转不过来。最后他终于挤出一句话:"总监,我该回避。"

"你们统统不要走,把犯人带下去。"

犯人被带走以后,老乔脸都绿了,许久许久沉默不语。室内的空气凝固了,远处飘来一阵留声机放唱片的吱呀声。黄金荣坐回椅子后,点起一支烟抽着,从厚嘴唇里吐出一个接一个烟圈,显得很得意。

老乔坐在那里,脸上毫无表情,只有两只蓝眼珠子偶尔一动。就这么过了大约一刻钟,老乔猛地站起来,冷冷地宣布:"今天审问的内容,谁也不准外传。督察长的职务自今日起由金九龄探长代理,这几起盗窃案继续查办。"

沈德福就这样被撵下了台,金九龄继任华探督察长,程子卿继任法捕房政治部主任。至此,黄金荣虽然退休离开了警界,但是他的势力在警界依然发挥着很大作用。

由于黄金荣的声望和势力,担任法捕房总监多年的老乔、法驻沪领事老杜,在黄金荣退休后仍经常到黄宅,商量有关法租界治安等有关的事情。

黄金荣躲在幕后操纵着法捕房,以此来维持其在帮会集团中的霸权地位。他利用这件事明目张胆地告诉所有人:爷们就是这么狂!有法儿想去,没法儿受着!

9、岁数大了还耍流氓

黄金荣经过一番动作,真的当上了督察长的督察长,成了"太上皇",在幕后指指点点,密谋策划,好不逍遥。

晚上,黄金荣躺在烟榻上,呼呼噜噜地烧了几筒鸦片。当他烧到第三筒时,李志清一推门进来了。

这李志清,就是当年林桂生从苏州给小福全娶来的媳妇,可惜福全没福气享受,挂了。林桂生怜惜李志清,在福全死后,仍然将她留在黄宅。

李志清并不是那种傻女人,表面上看她纤纤弱弱的,内心却跟钢铁一样坚强。而且李志清自小聪明伶俐,有一个温柔娇媚的外表，加上林桂生悉心调教，她更有十二分的心机和智谋。随着年龄的增长，林桂生已不大管事，身为大少奶奶的李志清操持黄府上上下下的一切事务，俨然成了黄府的二太太。

后来，共舞台上的露兰春让上海滩沸腾了，也让黄宅里充满了火药味儿。

这天，林桂生正坐在屋子里生闷气，李志清端了饭碗进来。

"娘，我熬的绿豆汤，喝一点解解暑气吧！"

林桂生没说话，李志清知道她正为露兰春的事儿生气，忙劝慰道："娘，公爹在外面花哨，也不过是逢场作戏罢了，他心里有的只是您，您就别生气了，发怒一分钟，便失去60秒的幸福。"

"唉——你不懂。"林桂生接过汤碗喝了一口。

"也许是我太年轻，好多事儿都不明白，不过我听说，我进门前，公爹在外面有过一个叫顾小茜的女人，可当那女人提出要进门的时候，让公爹骂了个狗血喷头。其实，公爹心里是很明白的。"李志清积极开导。

"你不知道，也许这次不同了。"林桂生神色有些黯然。

"这回是那个叫露兰春的戏子吧，我见过的，模样是够俏的，可是公爹什么样的美人儿没见过呀！我估计公爹是一时心血来潮，图个新鲜，长远不了，您就放宽心吧！"

林桂生默默地走到窗口，轻轻叹了口气，换了个话题说："志清，我是真的当你是我的亲女儿，福全走了，你还年轻，不能就这么样，太可惜了呀！"

"娘，你别说了，我真的不想再嫁，就留在娘的身边，给娘

跟公爹养老送终，我就很高兴了。"

林桂生感动得稀里哗啦，一把将李志清抱在怀里，她哪里知道李志清是有自己的小九九的。

李志清和福全从小一块儿长大，如果说有感情，也只是兄妹之情。倒是与她年龄差距悬殊的黄金荣，从小成了她心目中的天神。在李志清眼里，黄金荣是一个强大的、无所不能的男人，她总是在仰视他。

在李志清的生活圈子里只有两个男人朝夕相处，一个孱弱的福全，一个是霸气十足的黄金荣。在李志清那少女的心扉中，黄金荣的分量远远超过了福全。在李志清对爱情还似懂非懂的时候，这个早熟的少女就对黄金荣有了不一样的感情。不过，她虽然曾经和黄金荣无数次擦肩而过，衣服都擦破了，也没有擦出火花。

林桂生走了以后，李志清原以为她能坐上黄宅内当家的宝座，拥有自己的丈夫，自己的家。可是她错了，林桂生都留不住黄金荣，她又怎么可能力挽狂澜，露兰春还是被迎进了门。那一夜，黄金荣乐陶陶地去圆他的梦了，李志清一个人在后花园站到天明，眼睁睁看着黄金荣卧室的灯熄了，她银牙紧咬，有种被耍了的愤怒⋯⋯

这一切黄金荣都不知道，此时他看着李志清，她两弯细眉如黛画，一双含情脉脉的眼睛，闪着诱人的光辉，嘴唇抿着，显出一股成熟的风韵。

"这妮子更有女人味了！"黄金荣心里暗想，老脸也难得地红了起来。这真是英雄不问出路，流氓不看岁数。

"别抽了，抽多了伤身体！"李志清坐到黄金荣身边。

"志清，我年纪大了，这个家你看交给谁好？"黄金荣迷瞪瞪地看着风韵犹存的儿媳妇，坐在床上问道。

李志清一听，这老家伙是明知故问。黄金荣膝下虽有黄源涛等三个儿女，但都是领养来的，平时他从不放在心上。现在，林桂生言明与黄金荣老死不再往来，露兰春又与他离异，顾小茜被一场伤寒病吞噬了年轻的生命。自己为了这份庞大的家财，守了二十多年的活寡，难道还有第二个人有资格来接过黄金荣腰里的那串钥匙吗？李志清怪异地望望黄金荣，一时不知怎么回答才好。

"志清，你怎么不吭声呢？我都要急死了。"黄金荣色迷迷地盯着李志清。自从露兰春离开之后，黄金荣就把心思落在了儿媳妇身上。他没有精力再去侍弄家中这笔浮财，只想安天乐命，过个太平晚年，多活上几年。他打算把家产交给李志清去经营管理。但是，他又不愿把自己辛辛苦苦挣了一辈子的家财，轻易、无偿地交给她，让她成一个现成的千万富婆，总得要她付出点什么才是呀！

"爹爹，你看交给啥人为好呢？"李志清反问了一句。

"我想，只有你才是我最中意的人选，你有资格接过我这串钥匙。"说着，黄金荣从腰上取下那串钥匙。

李志清眼睛一亮，激动得面孔都红了，这可是她朝思暮想的事情呀，今天，老麻皮终于要交给自己了！她想上前去接，但还是故作为难的样子说道："爹爹，这副担子太重了，我只怕挑不

起来。"

"怕什么?有我做你的靠山,你只管挑起来。"说到这里,黄金荣已经欲火攻心,声音都有些发抖了,他向李志清招招手,"来,来吧,志清,接过去吧。"

"谢谢爹爹!"李志清心花怒放,走到黄金荣面前,接过钥匙。就在她握住钥匙的一瞬间,黄金荣一把抱住她,就往床上按。

李志清一愣,旋即明白将要发生什么事,无奈,为了这份偌大的家产,她只好付出代价了……

七 帮会大佬也是有气节的

　　黄金荣心里咯噔一下,这孙子要自己去当傀儡政府的市长,这可是万万使不得的。第一,他与蒋介石有师生之谊,蒋又很看得起他,如若担任此职,阿元的脸上很不光彩;第二,在小鬼子的刺刀下担任此职,万一有个差错,日本人岂能放过自己;第三嘛,自己虽然是个流氓,但这点民族节操还是有的!

1、深耕细作就是没产量

自从福全死后,黄金荣就担心自己的万贯家财日后没人继承,到头来弄个一场空。虽然他自己地多、种多,深耕细作,可产量一直上不去。所以,他招来两个门生,在家中密谈。这两人一个是"医学专家"黄振川,另一个是"算命专家"孟禄久。黄金荣把两人召来后,便将自己到现在还没有产量的苦衷,向门生们一一倾诉,要他俩出出点子。

孟禄久闭着双眼,微动着嘴唇,伸出左手掐算了老半天生辰八字,而后睁开眼,清了清喉咙说:"丁卯年庚寅日戌时生,虎兔相逢犬得利,二分山林一平阳。照命讲,不应没产量。"

"命书有这种说法?"黄金荣一听不应命中无子,心头不由一喜,眼睛一亮,忙问:"还有希望?"

"也许还要再做点善事……"

对于算命先生的胡说八道,"医学专家"黄振川觉得很不靠谱。他带着不屑一驳的神情,向自己的师父进言:"先生,我看还是去医院看看男科吧,弄清原因再说。"

"这样的事怎么好去检查,从来没听说过。"算命先生反驳道。

那黄振川也不示弱："这是在为师父想办法,不是在测字摊上骗钱。"

"你喷粪之前先想想自己都干过什么,有没有资格说别人!"算命先生火了,气急败坏地说:"我们是照八字论命,赚的是良心钱,吃的是开口饭。不像有些人卖假药,包打胎,发姑娘财,伤阴德。"

"今天你们是怎么回事,都吃枪子啦?一讲话就掐架。其实,你们讲的都有道理,让我想想再定。"

黄金荣站起身来,两个门生知趣地起身离去了。

黄金荣觉得孟禄久的话有点道理,这算命不管别人信不信,反正他是信。莫非是几桩人命案子的报应?再说自己向来奉行的是不赔钱主义,赔本生意从来不做,对社会救济的善事更是不屑一顾,一推了之。

想到这里,黄麻皮不禁打了个寒战,耳边响起了"恶有恶报"的老话来,他觉得该做些善事来将功折罪,补救补救,寻思要办件积善行德的事。

黄金荣又想起"医学专家"黄振川要他到医院检查的话。他想,难道老子不行了,不能使女人生孩子?这我要搞个清楚。怎样弄清楚?当然是不能到男科去检查,那多丢人啊。

黄金荣自有奇葩的办法——搞科学实验:找几家合适的妓院,包下几个能生孩子的站街妹,每天一位站街妹陪自己睡觉,一个月后,如果站街妹怀孕了,证明自己是没有问题的。当然,要把怀孩子的站街妹接出来,让她生过孩子再说。

旧上海的站街妹之多，不要说在全国称第一，有一阵子还号称全球之冠。

二十世纪二十年代，上海站街妹总数居然超过6万多人，以四马路一带最为集中。一到晚上，红灯区的霓虹灯就闪烁出红红绿绿的光来，一批涂脂抹粉的站街妹倚门而立，向过往的行人眨着媚眼，频送秋波。

老鸨们听到黄金荣来搞科学实验，她们巴不得如此。因为一旦自家有站街妹怀孕，被接出去养活后，黄金荣则是她们的干女婿，那丈母娘还不横着走？

黄金荣选了三家的三个高等站街妹作实验对象，在搞科学实验期间不准她们接客，时间一个月。一个月30天，每个站街妹那里住上10天。

黄金荣求子心切，每晚必睡一个，每次去睡必用全身心精力，深耕细作。一个月下来，老家伙已是步履蹒跚，食宿不香。可是，三个实验对象没有一个怀孕。种子播下去就是不发芽，还真是邪门了！看来铁杵能磨成针，但木杵只能磨成牙签，材料不行，再努力也没用。

难道自己真的不行了吗？老家伙琢磨着。老鸨好像看穿了他的心思，便说："黄老板，你这是在找未来的小妾，不是嫖妓，何必要专捡漂亮的呢？我给你找几个一窝能下两崽的女人，行吗？"

黄金荣一听有道理，便点头认可。

为了使时间不浪费，他一边在站街妹身上做试验，一边琢磨做一件"积德行善"的事。但做什么事情好呢？

他想起前些天陪一位朋友到浦东中学去参观的事：一入中学大

门，迎面矗立着一座铜像，这是上海浦东人杨斯盛的青铜铸像。

1908年，杨斯盛去世后，由袁世凯、黎元洪领衔捐款两千元，在浦东中学大操场北端建立了这座铜像，永志纪念。

黄金荣觉得，这样的事不失为一件风光事，既积德又扬名，于是决定在离共舞台不远的八仙桥办一所小学，取名"金荣小学"，由他的门生、流氓律师金立人当校长。经过半年的筹备，"金荣小学"终于正式开学，这是黄金荣几十年来做过的唯一的赔钱买卖。

开学的那天晚上，黄金荣站在校门口，遥看斜对面高楼上霓虹灯闪烁的三个大字："大世界"。从小学门口望去，每个字足有一人多高，字的外圈猩红，像包着一团火，全圈碧绿，似乎嵌着翡翠，这迷幻一般的光照得黄金荣无比神往。

学校要办，名要扬，阴德要积，但大把的银子也不能不赚，这"大世界"在我的眼皮底下闪烁，我为什么不把它占为己有，让它为我生财呢？在我的地盘上，他想当地主？没门！

2、黄麻皮对决黄滑头

说起大世界，还得从新世界说起。

上海滩有个"滑头商人"，名叫黄楚九。民国初年，黄滑头和当时上海有名的地皮商经润三，在跑马厅旁边造了一个大游乐场，取名"新世界"。在新世界里，玩的有跳舞厅、弹子房、溜冰场，看的听的有文明戏、大鼓书、宁波滩簧、京戏，肚子饿了还有中西酒菜馆，随意享用。

生意兴隆的新世界，黄滑头当着经理，大权独揽，这可气坏了经润三的老婆汪国贞。汪是上海滩有名的"女大亨"，在公共租界有势力、兜得转。等到经润三一死，她终于变着法子，把黄滑头排挤了出来。

"好男不和女斗"，黄滑头憋着一肚子气，目光转向法租界。

法租界里吃、喝、嫖、赌的场所比比皆是，可就没有像新世界那样大规模的综合性的摩登式游乐场。黄滑头征得租界当局的同意，集资九十万元建造了一座大型游乐场，取名"大世界"，意思是比新世界要大得多，以此来与汪国贞"女大亨"较较劲。

大世界里的花样，也的确别出心裁。除了新世界里那一套玩意儿之外，大世界底楼开了个共和厅，让上海滩有名的妓女来演唱，一日几个，轮流出场，这可把那些色鬼全吸引过来了；二楼开了个夜市交易所，在这儿可以买卖股票，投机倒把，卖空买空，这就把赌棍招了来；玩累了，赌乏了，还可以到一种小房间里吸上几筒鸦片过过瘾，大世界也是大烟鬼的好去处……

总之，大世界自开张以来，天天人山人海，把新世界顾客都吸引了过来，"女大亨"汪国贞终于吃瘪！

"老子办学堂花铜钿，狗娘养的黄滑头办游乐场，大把大把赚铜钿。"黄金荣离开小学，走回钧培里，自言自语地说，"我花钱，他赚钱，没这样便宜！"

黄金荣是见钱菊花开的人，他的钱只进勿出，如果钱出去了，非得想法子弄回来不可。仅隔一箭之地的大世界门口，人们一批批涌进去，在他的眼里，那可是大把大把银元、角子啊！怎么不使他眼红呢！非得把大世界夺过来不可！

但是黄滑头也非等闲之辈，搞垮他谈何容易？要夺取这聚宝盆，从哪里突破呢？经过半年打探，黄金荣终于找到了一个突破口。

这突破口便是"日夜银行"。

原来，黄滑头在大世界里开设了个日夜交易所，营业时间一直到晚上八、九点钟。在交易所翻滚的那些人，赢了的要当即存入银行，输了的自然想翻本，可手头没现金，要向银行抵押借款。无论赢家与输家，都需要有个随时可以救急的银行。但是一般银行都是上午九时开门，下午五点打烊，星期日放假。黄滑头瞅到这个空子，便在大世界旁边开了一爿日夜银行，全天候营业，星期日不关门。

日夜银行开张以后，生意很兴隆。那些投机者用金银、房地产抵押，借到款子后，再去交易所赌博，而交易所又可以收回一份回扣。无论谁输赢，日夜银行都可以拿回扣与借息。再说，在日夜银行立户头不分款子大小，只要五元以上就可以开户，而且支取也很方便。这样，把小户头存款都拉了过来。

想不到这么一个赚钱行当，却被黄金荣看出破绽了，他准备大干一场，搞垮黄滑头，抢走大世界。

逍遥池浴室的按摩间里，黄金荣浑身舒坦地躺着，下半身在雪白柔软的大浴巾中，伸出一只毛茸茸的粗黑大腿，搁在一个按摩女郎膝盖上，任她揉、捏、抚、拍。

当按摩女郎揉捏完黄麻皮的肩胛，正要翻身叩背时，门口一声咳嗽，小声地叫："师父，我来了。"

"是阿裕吗？进来吧。"那老小子半闭着眼睛，等来人进室后，麻皮向女郎努嘴："你去吧，等一下再来——把门关紧。"

进来的人叫唐嘉鹏，小名阿裕，原是八仙桥一带的白相人，自从拜黄金荣为师父后，他自己又广收徒弟，人数多到一两千。

"阿裕，你手底下有多少人？"

"要调集两千人没问题，师父，又有架打？"

"你啊，动不动就想打架，都什么年代了，流氓意识还是这么重。"

"那师父要我来干什么？"

"今天叫你来有笔生意要做。"

"啥生意？"

"让你手下人每天到日夜银行存20元钱，在一星期存完。"

"那这笔款子谁出？"

"你们自己想办法。我告诉你，以后大世界要是归我了，你们还愁没钱吗？"黄金荣把自己的计划透给了唐嘉鹏。

徒弟心领神会，拍着手掌叫好，又拍着胸脯向师父打包票："我敢打包票，一个星期之内，存完20万，不用您出一点血！"唐说完一拱手，转身退出房间。

唐嘉鹏走后，黄金荣随手抓过茶几上的电话，把水果荣生召了来。

陈荣生绰号叫水果荣生,他原是卖水果的小摊贩,投奔黄门后便成了摊贩行业的一霸,手下徒弟亦有千把人。黄当面给他布置了与唐嘉鹏同样的任务。

其实这也怪不得人家黄金荣兴师动众,要想搬到大树,最次也得是推土机。当时没有这种先进的设备,只能靠人,很多人。俗话说,集体的力量是强大的,说的就是这个道理。

3、让对手轻易给耍了

半个月后的一天晚上,大世界经理室灯光柔和,几柱檀香在宣德炉上燃着,袅袅青烟徐徐上升、荡漾、扩散,满室溢香。黄滑头懒洋洋地躺在逍遥椅上,前后摆动摇晃着,闭目养神。一个女人站在窗前,用甜蜜圆润的嗓子,轻轻地唱着流行歌曲《送君》:

送君送到百花洲,
长夜孤眠在画楼;
梧桐叶落秋已深,,
冷月清光无限愁。
……

一阵急促的电话铃声,打断了歌声,女人扭着屁股过去,尖

尖手指抓起听筒:"喂,好的——经理,您的电话。"

黄滑头伸出左手来,接过话筒:"唔,是我。什么?……提款风?多少户?"

"有几百户,都是几十块的小户,但如此下去,恐怕会有大批储户涌来。"从话筒里传出沙哑的话音。

"淡定,淡定。提多少付多少,不可慌!"

虽然黄滑头叫对方不要慌,声音与语调稳重沉着,可是他自己却有些担心。他预感到有人在同他作对,而且又恰恰在这个时候:一是他在浙江路造了几幢弄堂房子,今日验收后付出一大笔营造费;二是赶在其他银行、钱庄、当铺打烊后的五点半客户纷纷上门兑款,要想临时通融大笔款项已无门路……他意识到事情的严重性,但毕竟是上海滩混出来的,经过风雨,见过世面,他马上决定筹款应付局面。

话筒里又传来声音:"黄经理,如果照这样提下去,恐怕款子不够呀。"

"能坚持多少时间?"

"最多明天早晨。"

"好,一定要撑住,明晨七时左右,有一笔大款子进入日夜银行。"

黄滑头放下电话,揿了一下电铃,刚才那接电话的女秘书进来了:"经理叫我?"

"柳秘书,立即和廉先生联系好,我马上请他到鸿运楼去吃茶。"

"黄经理,现在已是晚上八点……"

"磨叽什么，叫你去赶快去！"

等柳秘书的高跟鞋笃笃笃声消失在楼梯时，黄滑头才从逍遥椅上起来，到保险箱内取出一份房契，塞在自己的内衣口袋里。

柳秘书去请的廉先生，名叫廉南湖，原是清末名士。在辛亥革命后，他看到连年军阀内战，国事日非，不想做官，就移居上海。前些日子，他干脆将家乡的田产、房产卖掉，筹了一笔资金准备在上海经商。廉南湖原是个读书人，只会饮酒赋诗，对于生意经一窍不通，便来请教好朋友黄滑头。黄借了一间房子给他作筹备处，日前廉南湖已凑足了四十万款子，是开爿交易所还是做地皮生意，正举棋未定。

现在，黄滑头日夜银行正急需钱，想把廉南湖的那笔款子拿过来。怎样拿呢？黄准备将自己在浙江路弄堂房地产卖给他。当天夜里，黄滑头用他那张生花的嘴巴将四十万款子归为己有，廉南湖用这笔款子换来了那幢卖不掉的房子。

第二天早晨七时光景，黄滑头的日夜银行襄理阿祥打电话来，说日夜银行储备金已用完，怎么办？

黄滑头问道："大概还要多少款子？"

"看样子，大概需要八九十万。"

"怎么要这么多？"

"现在小户已带动了大户，储户们都相信了谣言，恐怕今天所有的储户都会聚齐。"

"停兑半小时，写明布告。"

"啊，这不是火中加油吗？……"

"写明三十分钟后,金库现款马上运到,马上开兑。"黄滑头不慌不忙,胸有成竹,心说咱们都是千年的狐狸,你跟我玩什么聊斋啊!

钧培里黄金荣的密室这时也响起电话,那是在日夜银行门前作现场指挥的唐嘉鹏打来的。他告诉黄金荣,日夜银行营业柜台前,贴了张墨迹未干的布告:因去大金库运现款,放款暂停半小时,请各主顾包涵。

黄金荣听了这消息,激动得菊花一紧,放下电话自言自语地说:"黄滑头呀,没想到吧,明天大世界就归我了!"

半小时后,热闹非凡的上海大世界游乐场开来两辆汽车,前面一辆汽车上坐着两人,其中一位老者年约六旬,身穿长袍,原先蜡黄的脸上涂抹着油彩,显得容光焕发。

黄滑头此时哮喘病日趋严重,但他深知目前自己的健康关系到银行的安危,所以支撑起病体,由女婿陪同,到这万头攒动的兑款人群中露露面,以稳定人心。

黄滑头的女婿从敞篷车上站起来,他大声说道:"各位主顾,请不要拥挤,大家都能取到款,我们的现款已经运到,请大家闪出一条路,让运款的卡车开进来。"

运款的卡车徐徐开了进来,卡车上坐着六个武装巡捕押送着现款。银行职员一看现款运到,忙来搬运,大约搬下二十多铁皮票箱。存户们一见黄滑头的实力如此雄厚,马上议论开了:"我们不提款了,我们存进去。"

"哗啦"一下,原来受蒙骗的群众由取款马上变成存款,这可急坏了现场指挥的唐嘉鹏,他马上打电话向老头子报告。黄金荣一听,气得麻点直蹦:"撤!"

黄麻皮对决黄滑头,第一回合,黄滑头胜出!

原来黄滑头"耍"了一下黄金荣,当面愚弄了储户。他从廉南湖那里弄来的四十万款子只够装四只大铁皮票箱,他又用报纸装满了其余十几只大铁皮票箱,那六个武装巡捕也是临时雇来的。后来,街头里弄传着两句俚语:老黄一出空城计,吓退大亨三千兵。

不到三天,黄金荣便摸透了黄滑头玩的花样。他知道,打败自己的不是天真,不是无鞋,是轻敌:准备工作做得不到位啊!黄滑头的道行不在自己之下,必须等待时日,瞅准机会,才能办挺他。

4、玩无间道拿下大世界

时间又过去了一个月,市面上似乎风平浪静。霞飞路的一幢六层楼旅馆三楼的幽静房间,是黄金荣新近才包下的。

这天,黄金荣刚一回房间,一个女子正在房间里等他。此人是柳女士,就是黄滑头的柳秘书,黄金荣花了大把钱才把她收买过来做卧底,这房间便是他俩接头的地点。

柳女士说:"经理到杭州去了,要待四、五天……"

"太嗲了！"黄金荣喜出望外地打着响指，吐出个时髦词："ok！"

不知道"嗲"、"ok"是指这消息还是柳女士的窈窕体态，也许两者兼有之。

"哎，对了，你给我摇个电话给杭石君。"

杭石君是一家小报的编辑，前些年拜黄为老头子，平时黄有什么报纸方面的事务，就找他去办。拨通电话后，黄金荣要他连夜赶写一则社会新闻，内容为大世界经理、日夜银行老板黄楚九，因手头银根奇缺，头寸无法调转，银行面临破产倒闭，又急又怕，口吐鲜血，昏迷不醒，危在旦夕。

黄金荣挂好电话，对柳女士说："你回大世界去，关照佣人不要讲经理到啥地方去了。外头打电话问，你就说不知道！"

"现在就去？"

"马上就去，半夜里再来，我等你。"

"唔！"柳女士十分勉强地走了。

师父的吩咐，徒弟遵命，杭石君写了一篇专题"采访"，第二天见报。第二天上午，唐嘉鹏雇来三、四十个小瘪三，夹着一叠小报，在上海大街小巷叫卖：

"哎，看报看报，日夜银行空铜钿，老板死得快。看报看报！"

这一炮真个打响了，上海滩传遍了黄滑头病危消息，日夜银行的存户谁不为自己的存款担心？不到下午三点，银行门口人山人海，把铁门也挤歪了。襄理阿祥打电话问经理怎么办。接电话的是柳秘书,她说经理到杭州去了,现在还没来电,不知住址,无法联系。

阿祥到门口去解释,说经理身体很好,到杭州白相去了,请大家不必担心。不说倒好,一说反而令储户生出更大的疑心:玩我们呢?莫非经理蹽了?当阿祥再次打电话问经理下落时,柳秘书已得到黄金荣电话指示:找法租界捕房督察长金九龄帮忙维持秩序,并想办法。

走投无路的阿祥觉得只好如此,向金九龄督察长呼救了。金九龄却给他一个电话号码,说拨电话给黄金荣老板,求他出面,风波便可平息,万无一失。

黄在包定的房间里接到阿祥的求援电话,便一口答应:"黄经理的事体,我一定想办法。我问你,现款还可以支持到几点钟?"

"六点钟光景。"阿祥扯了个谎,其实再过个把钟头,银行一个子儿也没了。

"这样吧,我马上去调头寸,五点钟敲过,我派人送款子去。至于维持秩序,小事一桩,我去打个招呼,让附近的捕房派人去看看,你放心好了!"

五点半,水果荣生坐车子来了,他带来了现金,又带来了黄金荣的办法。他对阿祥说:

"黄老板讲了,这个忙一定要帮的,只是这笔账不好算。他说,以他的名义将外面等着兑现的存票照本息全数买下来,将来再与经理结算。一笔写不出两个草头黄,五百年前是一家,自家人好讲话。"

阿祥自然同意,只要渡过难关,他便可以向经理交代了。于是,在银行柜台外,摆开几张桌子,分四摊收存票。

想不到这么一来,风声更大了。说日夜银行已盘给黄麻皮了,有存款的快去兑。一传十,十传百,百传千,这一夜闹得个满城风雨。到第二天,水果荣生已收到存票二十万元。他向阿祥抱抱拳,说黄老板已垫出这么多,再也无法子想了,便提着大皮包坐车走了。

幸好黄滑头得到风声,连夜赶回,可是晚了:日夜银行的客户款子基本提光,二十万元存票落在黄金荣手里,万一麻皮一翻脸要提款子,那就全完了。他顿脚后悔,上当了!可是哑巴吃黄连,有口难开呀!

黄滑头刚进大世界经理室,还没有坐定,水果荣生和唐嘉鹏就上门讨债。无可奈何的黄滑头,为了保住日夜银行,只得将苦心经营起来的聚宝盆——大世界盘给黄金荣,盘价五十万。三天后,"大世界"招牌改为"荣记大世界",黄金荣手下大批徒子徒孙被安插到这里混饭吃。

5、我就不信嚣张不过他

1932年清明前几天,上海西南郊漕河泾一带农民便开始上坟了。

每年，特别是当上探长以后，黄金荣总会在清明时节，亲自到这里来，焚一些纸钱，掮把锄头为父母"补屋修房"，祭奠一番父母。

黄家的祖坟淹没在荒草杂丛之间，那旷野荒凉凄黯，四周一望无际，全都是大大小小的馒头式的坟地。一阵春寒吹来，使四周的东西都呈现出愁惨的景象。几棵矮树摇枯枝，"哗哗"地想诉说什么。

黄金荣在父母合葬的坟上亲自摆下供品：一盘香椿芽炒鸭蛋，一碗野香葱炒新蚕豆，拌浇麻油，还有"关刀肉"加上一壶黄酒。摆下供品后，黄金荣又点上几根香烛，倒身拜了几拜。

一缕缕青烟袅袅升起，一张张纸钱飞向冥府。烧完纸钱，黄金荣直起身来，看那竖着的石板坟头，不禁流下泪来。

平常，黄金荣是极少流泪的，就是在他被卢筱嘉抓起关在石牢里，他也没有流过泪。但他看到躺在这荒野之间的父母，不禁一阵阵心酸。

他不由得责怪自己：看到这矮小的石坟，难道你不觉难过吗？按说，他此生也够辉煌的了，拥有四五个戏院与游乐场、两三座浴室、数十幢房产，就是在苏州还有数百亩良田。可是大名鼎鼎的巨富，让父母的尸骨躺在这肮脏的荒丛中，能心安理得吗？

黄金荣越自责，心里越难过，那眼泪像断了线的珠子，簌簌地掉了下来。站在一旁的秘书龚天健看到此情此景，心里已知师

父的心思。

"师父,是不是拣个黄道吉日,将老太爷的'旧屋'修一修,再种些花,挖口塘,养些鱼,让老太爷有地方转悠,然后弄些石人石马摆设摆设,为老太爷镇'宅'。"

黄金荣回过头来,看了龚天健一眼,用手拍了拍他的肩膀说:"阿健呀,依你看,这坟应该怎么修呢?"

"回师父的话,具体怎么修法,我心里还没有谱。不过,只要师父一句话,小的哪个不尽份孝心!"

"好!我想要修,干脆高调一点……"

"那就造祠堂。"

"造祠堂?"黄金荣叽咕一句,不觉想起杜月笙建祠堂的事。

1930年春,杜月笙集资50万元,在高桥镇杜家祖宅附近购置了50亩土地,招来大批工匠名师兴建祠堂。杜家祠堂建成后,杜月笙为了炫耀自己在上海滩显赫的地位,组织了一场轰动沪上的落成典礼,其规模之盛大,为上海开埠百年来所罕见。引得无数百姓感叹不已,抓住自己孩子的脑袋使劲晃:将来一定要学他!

当黄金荣看到杜月笙造的杜氏宗祠,不由发出感慨:牛叉总是比衣服还潮流,旧款还没过时呢,新款就出来了。但黄麻皮并不服输,他要在上海滩最后嚣张一下。

黄金荣想到此,不禁说出声来:"去年那小子回到浦东外高桥买了50亩地,修了一座祠堂,很是嚣张,难道我黄金荣真不如这小徒弟了吗?我不相信!"

"对,师父,咱就建个祠堂。"龚天健也硬气起来。

"不！要建就建座大的！"

"那……"

"建座花园。"

"对，对，还是师父想得周到！人生就像唱歌，该高调的时候就要高调，如果该高调的时候低调了，那叫跑调！"龚天健也乐了。

当天，黄金荣就在实地勘察起来，左指右指，把偌大的一块地盘用手在空中划了出来。回到家第三天，手续便办好了，将60亩的土地全买了下来。

听说黄金荣要造花园，他手下的徒子徒孙们无不闻风而动，有钱的出钱，无钱的忙着去借钱进贡。少则四五十元，多的千元以上。一时筹到的款子，竟高达353万银元，付去全部花园建造费用以外，还剩几万银元结余。

建造工程自1932年动工，到第二年竣工。

这一天是黄道吉日，从清晨起漕河泾一带就热闹非凡，靠近花园的两旁路上摆满了馄饨摊、糖粥担、五香茶叶蛋摊。

早上八点钟，在嘀嘀嗒嗒的唢呐声中，从汽车里抬出一块黑底金字的长方匾，上书"黄家花园"四个大字，四周用红绸带子扎着，在当中还束了一朵大花球。放过三响"高升"后，便在劈里啪啦的"百响"鸣放中，将这大匾挂上大门额顶。

过了半个小时，一辆黑色轿车开来，门前一队吹鼓手立刻鼓起腮帮子，挣红脖子拼命地吹打起来。在吹打声中，车子徐徐开进大门，在小道上滑行一段后向西一拐，又往北开了一箭之地，嘎咕一下停在花园中的一个大厅前。一个仆役忙上来拉开车门，黄金荣身着长袍马褂，高调地下来。之后是龚天健与俞永刚两人抬着一方大理石碑面，石上镌着几行鎏金大字：

　　文行忠信

　　　　蒋中正题

　　黄金荣双手扶着石碑面，倒退着身子，将它迎进厅内，供在上方。

　　这个大厅黄金荣命名为"四教厅"，取当今"皇上"御赐"文行忠信"四个字的教诲意思。厅前陈列着一堂樊石八仙，厅内当中供福、禄、寿三星，两旁分列着十二把红木大交椅，四壁间挂着黎元洪、徐世昌、曹锟等好哥们送的匾额。

　　在此次落成大典上，张啸林担任大总管，调度一切事务；杜月笙负责总招待，招待诸路来宾。应邀前来的，有上海国民党的军政要员和各巡捕房的头脑，以及黄金荣遍布上海的徒子徒孙。

6、绑人玩这毛病也传染

　　黄家花园落成后，黄金荣十分喜欢，每日和徒子徒孙、帮闲清客在园中饮酒打牌，寻欢作乐。

就在黄家花园竣工不久,漕河泾又盖起了一座布局更加雅致、气派的赵家花园。尤其是镇守园门口的那一对汉白玉石狮,据说从山东采石,请名家高手雕琢而成的。

赵家花园的主人叫赵光甫,其父由于治家有方,生财有道,一举成为上海滩布业巨子。赵父老了以后,赵光甫接过父亲的产业,继续发扬光大。

其实,赵光甫并非存心和黄金荣一比高下,他是个孝子,建造这座花园是专供他父亲晚年遛弯的。但他做梦也不会想到,会因此而埋下祸根。

赵家花园建成的消息传到了黄金荣的耳朵里,他派心腹徒弟王文奎到赵家花园悄悄侦察了一番。王文奎一见此园,景色果然不错,便向老头子绘声绘色地汇报了一番。

言谈之中,王文奎故意夸大事实,说赵光甫盖赵家花园是为了把黄家花园比下去。黄金荣听后,大为不乐,发起"妒病"来。

王文奎见此,立即向黄金荣附耳如此这般一番,黄金荣听后点头首肯。于是,一项绑架赵光甫的罪恶计划形成了。

王文奎之所以如此恨赵光甫,除了看老头子的眼色以外,还另有原因。原来王文奎和赵光甫曾经为争一个舞女而发生过矛盾,就想借此机会整治他一下。

一天早晨,一辆老式轿车停在赵家门口,几个持枪的绑匪开门便一拥而上,直扑三楼,把刚刚起床的赵光甫强行绑走。临走时留下一张纸条,说要赵家准备500根条子,于两个星期后赎

票,否则就要把"肉票"撕掉。

上海滩布业巨子在光天化日之下从家中被绑票的消息,立刻震动了整个上海,舆论纷纷指责国民党政府和租界当局治安无能。不过,赵光甫还算幸运,当天夜里就被公共租界的巡捕救了出来,送回家中。

赵光甫是怎样被救出来的呢?

原来,王文奎等人绑走赵后,立即送到乡下一间草棚藏了起来,只留下两人看守。恰巧这天公共租界破获了一桩盗窃案,据犯人交代,赃物就藏在赵光甫隔壁的草棚里。于是,一辆警车长鸣警笛朝那间草棚开去。看守的绑匪一见巡捕朝自己而来,误认为走漏了消息,便翻墙溜之大吉。赵光甫闻声大呼救命,于是阴差阳错,被巡捕们救出了匪巢。

由于没有抓到绑匪,赵光甫还是不知道自己为何被绑架。直到几天后,他才明白,自己的对手竟是上海滩有名的流氓黄麻皮。原来赵回家后,金九龄闯进了赵家,说赵的脱险是他们弟兄们的功劳,还用枪威胁向赵勒索了20根金条。

赵也知道,金九龄是在敲诈,因为自己是公共租界巡捕救出来的,跟法租界无关,怎能说是他们弟兄们的功劳呢?但又胳膊拧不过大腿,他只得如数照付。

金九龄临走,又丢下一句话:"赵先生,我看你还是放聪明点,把赵家花园门口的那对狮子搬到黄家花园门口去吧!"

赵这时方才明白,是黄金荣在与他作对。

黄金荣绑架了赵光甫,作为徒弟的陆连奎早知此事,但并不想多管。当赵光甫逃回来后，求助于陆连奎派巡捕保护时，一个念头突然在他的头脑里出现：何不以其人之道，还治其人之身。

现在的陆连奎已经做到了英租界刑事科督察长，是上海滩有名的大亨了。这小子横行霸道，欺压百姓，为所欲为，人们敢怒不敢言。

有一次，陆连奎与蒋介石的外甥俞洛民发生了口角，还打了他两巴掌。

当蒋介石听说自己外甥被打了，那孙子还口出狂言，便微微一笑，对上海市长吴铁城说："这位陆先生很牛啊！好吧，我外甥被打就不用他付医药费了，现在国家很穷，需要补充军备，就叫他捐10架飞机吧！"

吴铁城把这话传给陆连奎，他一听就慌了："妈的，没想到两个耳光要赔10架飞机，代价太高了！"

陆连奎这才明白人家有的是背景，而自己有的只是背影！这时他才想起求老头子说说宽容话，因为蒋介石毕竟是黄金荣的门生，如黄金荣一发话，那老蒋不会不给面子的。于是，陆便带着四根金条来到老头子家。

那黄金荣正一肚子气呢，心想这陆连奎太嚣张了，上次他和杜月笙的徒弟打官司，要不是我发了话，杜月笙不把你整死才怪哩。但那孙子却在外面说："老头子并没帮我多大忙，还向我索取两根条子，太气人了。"当时黄金荣便想问问他，国家怎么没拿他的脸皮去研究防弹衣呢？但他又一想，师父和徒弟一闹，太有些丢面子了，便佯装不理，事情才不了了之。

现在，陆连奎上门来，还带着四根条子，黄金荣不阴不阳地讲开了："陆督察长，我可不敢收你这四根条子，不然，外面又会传出我的闲话来，说我不但不帮忙，还勒索你四根金条。"

　　陆连奎脸红一块，白一块，恨不得地上有条缝，自己好钻下去藏身。但脸乃身外之物，可要可不要；钱乃必要之物，不得不要，他只得继续拿热脸去贴老头子的冷屁股。那黄金荣就是不勒他：让你跟我狂！

　　陆连奎只得又去求中央委员褚民谊帮忙，后经褚民谊多方奔走，讨价还价，还是要捐出一架飞机，以抵消两记耳光之债。

　　陆连奎被"敲"去一架飞机后，大伤元气，弄得他日子难过。后来他又听说黄金荣摆酒庆贺，幸灾乐祸，心里便种下了对黄金荣仇恨的种子，想在黄金荣身上敲一笔竹杠，拿来补补自己的元气。

　　于是，又一场绑架黄金荣的阴谋开始了。看来，绑人玩这毛病也传染！

7、跟我玩？你们还嫩点

一天晚上，陆派出一批打手，混入黄金荣的共舞台戏院。他们已探知，黄金荣要在今晚到戏院看戏，就故意在场子里制造了一场纠纷，把黄金荣手下的保镖、打手都吸引了过去。在这节骨眼上，打手们切断电源，戏院顿时一片漆黑。

说时迟，那时快，早就坐在离黄金荣不远处的三条壮汉一拥而上，将事先准备好的湿毛巾塞进了他的嘴里，然后强行把黄金荣拉出了戏院大门，塞进早就候在门口的别克轿车，悄悄地开走了。

汽车东兜西兜，终于在一幢阴森森的洋房前停了下来。三条汉子将黄金荣押下车，直奔洋房地下室而去。地下室里早有一个尖嘴猴腮的中年人候在那里了，此人开门见山就要黄金荣拿出五十根金条来赎命。

黄金荣想：只要保住性命，就是一百根金条也是要拿出来的。所以，他当场从口袋里摸出一张名片，又拔出一支笔，在上面歪歪斜斜地写上一行字：我有急用，请交来人五十根金条，不得有误。

那个尖嘴猴腮的中年人将这张名片检查了一遍，觉得没有什么破绽，就交给边上的一个大胖子，让他马上到黄公馆去跑一趟。然后，他对黄金荣说："黄老板不愧是上海滩的老英雄，够朋友！只要金条到手，我们一定护送黄老板回府，说话算数，决不食言。现在就只好先委屈你一下了，哈哈！"

黄金荣想想自己的处境，也不得不强按怒火，故作轻松地在一旁坐了下来。

却说那个大胖子手持黄金荣的名片，来到黄公馆，面见黄金荣的大儿媳李志清。李志清一看名片上写的字，确实是老头子的亲笔，但她察言观色，总觉得来人眉宇之间暗藏着种种惊恐之状，不免多了一个心眼。李志清心想老头子正在看戏，有什么急事非要马上拿这么多钱呢？要取钱，也该派个贴身保镖来才是呀，怎么能托给陌生人呢？莫非他遇上绑票的了？

想到这里，她灵机一动，让来人在客厅稍候片刻，自己到内室寻了四十九根金条，拿了出来，对那个大胖子说："啊呀，实在不好意思，家中只有四十九根金条，你先拿去。现在银楼也关门了，还缺一根，就等明天再来取吧。"

大胖子一怔，想不到就要大功告成的时候，这娘们居然会来这一手，只好跟她磨了起来："黄太太，小的也不过是奉命而来的，作不得主，说好了五十根条子，一下子变成四十九根，回去怎么交待？黄太太还是再想想办法吧。"

李志清故意显得十分为难，最后竟捧出一只首饰箱来，从里面倒出几十件首饰，有金戒指、金项链、金耳勺，七拼八凑，总算凑足分量。大胖子这才松了口气，笑眯眯地将四十九根金条和一大把首饰一起放进随身带来的皮箱，告辞出门。那个中年人收到金条之后，果然把黄金荣护送回府了。

第二天，黄金荣一面给警察局和租界的巡捕房都挂了电话，要他们务必抓紧破案；一面又布置自己手下的徒子徒孙，要他们把那几个敢在太岁头上动土的愣小子找出来，也好让他们知道黄某人的厉害。

几天过去了，一点线索也没有，倒是李志清胸有成竹，不慌不忙地对黄金荣说："我当初故意拿首饰来抵数，就是为了放长线钓大鱼。这些首饰做工精致，非同一般，对手拿去是舍不得轻易把它熔化掉的。而且首饰的暗处都有记号，迟早有一天露了出来，我们就可以顺藤摸瓜，来个一网打尽了。"

却说陆连奎从他的心腹那里拿到了四十九根金条和金首饰之后，处处小心。他为了预防万一，把这些首饰都熔成了一根条子，却偏偏留下了一只金耳勺。为啥？一则是因为其余的首饰加在一起，熔成一根金条的分量足够了；二则是这只金耳勺做得实在太精致、太惹人喜爱了，所以陆连奎随手将它插进贴身的小口袋里，留了下来。至于当初参与绑架黄金荣的那几个人，陆连奎生怕被黄金荣手下的人查出来，所以全部让他们到外地避风头去了，可说是做得天衣无缝，滴水不漏。

就在绑架黄金荣之后将近一个月的一天晚上，陆连奎看看风平浪静，也就放松了警惕，一时高兴，多喝了几杯，就睡在三姨太房里。三姨太本就是一个眼皮薄的人，当时正好手头拮据，就在陆连奎的袋里东摸西摸，后来在一只贴身小袋里，发现了这只金耳勺。

三姨太心想，陆连奎身上的东西，可以说样样都来路不正，不拿白不拿。就算陆连奎醒过来之后要追查，我只要来个一问三不知，他还有什么办法？于是，三姨太就来了一个"黑吃黑"，偷偷地把金耳勺藏到自己的口袋里去了。

到了第三天，陆连奎果然没有发觉，三姨太就派自己一个贴身佣人去银楼换成了现钞。

可没想到这金耳勺竟是黄金荣的东西，金耳勺一旦进了银楼就等于自己报了案。黄金荣一拿到金耳勺，一查二查，发现原来是陆连奎在暗中计算自己，不由得火冒三丈，心想这孙子居然到老虎头上拍苍蝇，真是臭不要脸！黄金荣当时脸就拉了下来，马上布置了一起暗杀计划，把陆连奎弄死了，为自己出了这口怨气。

你说陆连奎惹谁不好，专找硬茬儿碰，这不给自己找病呢吗！最可笑的是陆连奎的三姨太，在丈夫死后，她急忙找到黄金荣，要他帮忙，查清这起事件的幕后人是谁。

黄金荣不动声色地从怀里掏出一件东西来，放到桌面上，冷冰冰地说："你认识这件东西吗?"

那三姨太一看到是金耳勺，顿时明白了事情的原委：陆连奎犯在自己的老头子手上了，这不倒霉催的嘛！

8、日本鬼子的饭不好吃

1937年7月7日,卢沟桥畔烽烟叠起,日军大规模进攻华北,抗日战争全面爆发了。

在日本军大举进攻中国之时,许多人迁走了,去香港、去东南亚、去美国……能走的几乎都走了,不能走的也正争取着,黄金荣却是一个固守家业、能走不肯走的倔老头儿。

"我都快入土了,还怕什么?我不走了。再说我的大世界、黄家花园也背不动、带不走,我看呆在租界里挺保险!"

"万一日本人要你出山呢?"杜月笙曾忧虑地问道。

"哈哈哈,"黄金荣一阵狂笑:"阿元(蒋介石)是我的高徒,如今为一国之尊,我岂能背叛他,投降日本人,让天下人耻笑?"

最终,黄金荣留下了。果然不出杜月笙所料,不久之后日本人就来请他"出山"了。

那是1938年一个春日的下午,黄家花园四教厅里坐着一位客人:日本驻华海军武官海军少将佐藤。他身着将军呢,连脖子上的纽扣也牢牢地扣住,显出一丝不苟的神态。佣人送来的各式水果、点心他一点儿也不动,只是坐得端端正正的,耐心地等待着主人。

不一会,黄金荣走下楼梯。那时他已70多岁了,明显地老了,显出了颤颤巍巍的样子。

那鬼子急忙站起上前去扶黄老先生,同时把翻译叫到身边,对黄金荣说:"我代表日本帝国驻沪海军司令部,看望您老先生来啦!"

黄金荣急忙躬身行谢:"多谢贵国,多谢将军!"

鬼子接着问:"老先生有多少门徒?"

黄金荣听了不由得一愣,暗自思量,怎么这孙子会问起门徒数目?他马上警惕起来,觉得不能如实相告,就嗫嚅答道:"约近千人吧。"

鬼子微笑着点头,又十分彬彬有礼地问他道:"日本国皇军来到你们中国后,你们中国人对日本皇军印象如何?"

"噢!贵国皇军初来中国,彼此了解不够,在意见上稍有隔阂。日子久了,自会消除敌对情绪。"黄金荣十分恭谦地应对着。

鬼子又一次点头微笑,看来他是十分满意的,继而又说道:"本人来府造访是来请老先生助皇军一臂之力,出任'上海大道市政府市长'之职。"

黄金荣心里咯噔一下,这孙子要自己去当傀儡政府的市长,这可是万万使不得的。第一,他与蒋介石有师生之谊,蒋又很看得起他,如若担任此职,阿元的脸上很不光彩;第二,在小鬼子的刺刀下担任此职,万一有个差错,日本人岂能放过自己;第三嘛,自己虽然是个流氓,但这点民族节操还是有的!

日本人倒也会选,看中了名贯全沪、门下有大批门徒的青帮老头子黄金荣,认为由他担任市长是最合适不过的。

黄金荣连连推辞鬼子的邀请："将军，不瞒你说，我老了，不中用了。"

佐藤急忙解释道："老先生请放心，只要你肯出面担任此职来稳定上海民心，一切步骤和计划您都不需要操心，我们皇军会给您安排就绪的。"

黄金荣见一时半会拒绝不了他，便又说道："这件事事关重大，容我考虑一下，再行答复。"

佐藤满怀希望地离开了黄府。

黄金荣的难兄难弟和一些门徒们得知这个消息后，极力劝麻皮就任此职，以便能在他的卵翼之下，平步青云。尤其是那张啸林知道后，觉得大哥太缺心眼了，他请黄金荣把自己推荐给佐藤，黄金荣严词拒绝了他：

"老二呀，你可长点心吧！日本鬼子的饭不是好吃的，万一弄不好，自己吃饭的家伙都保不住，还是消停点吧。"

时隔半月，佐藤又登门来访黄金荣，询问他对出任"上海大道市政府市长"之职考虑如何，黄金荣依旧是婉言相拒。

那孙子很执着，时隔不久又派翻译备好汽车，去接黄金荣来日本司令部晤谈。不多时汽车就开到了司令部的大门里，看到日寇层层布哨，警卫森严，黄金荣不由想起十几年前遭何丰林、卢筱嘉绑架时的情景，只是这里更阴森、可怖。黄金荣的心里不由得一惊，头上冒出了冷汗：妈的，看来今天小鬼子是想给自己点厉害尝尝了。

佐藤把黄金荣迎进客厅后，开门见山地说："黄老先生若能出面担任此职，皇军担保你的一切安全，市长办公处任意选择，就是设在本司令部也行。"

　　黄金荣心意已决，是十头牛也拉不回来的。面对他话外的有意威胁，黄金荣依旧没有应允。惹得这位海军少将极为不悦，恨不得用刀剁了他。但日本人还是希望黄金荣回心转意，再说对于一个在上海滩举足轻重的大人物，他们也不敢轻举妄动的，只好派汽车把他送回了家中。

　　过了两日，伪黄浦分局局长、日本人小林来到均培里拜访，又请他"出山"，黄金荣还是没有答应。又过了两个月，有个叫徐铁珊的，据说曾教过日本天皇、参加过洪门。日本人要利用徐的帮会关系，组织"黄道会"。为了在上海滩吃得开，玩得转，他十分希望黄金荣能出来维持一下。黄金荣又以自己老糊涂了，有病动不了等等借口推掉了。

　　可以说，在日军侵略我们的家园、荼毒华夏生灵的时候，黄金荣抵制住了日本人的种种利诱，拒绝当汉奸，没有为日本人卖命。

9、高帽子捧不晕老江湖

　　黄金荣不仅拒绝了日本人的威逼利诱，也同样拒绝了中国大汉奸汪精卫的极力邀请。

这汪精卫和黄金荣可是老交情了，早在1935年，国民党四届六中全会开幕式后，汪精卫同代表们拍集体照时，被人打了两枪。后来，汪精卫到上海进行治疗，黄金荣特意替他去请了名医，对他十分关心、百般照顾。算起来，黄金荣可是汪精卫的大恩人，后来汪精卫对黄金荣也是报恩帮忙，利用自己的职权帮黄金荣在生意上做了许多事。

1938年12月，汪精卫逃出重庆，一头扎进了日本人的怀抱。黄金荣知道这孙子投敌后，就再也没和他来往过，他想两人的交情也就算了结了。

可有一天，汪精卫登门拜访黄金荣。既然人家登门看望，也不好将其拒之门外，黄金荣只好热情招待。两人无关痛痒地扯了二个多小时，谈从前事，谈家事，谈各自的身体情况，谁也没有提那些敏感的话题。黄金荣提起的心渐渐放了下来，看来他真是来看老友、叙旧情的。

可就在第二天晚上，黄金荣收到汪精卫派人送来的一封大红请柬，邀请他出席在乐山花园酒家举行的私人宴会。

黄金荣毕竟是块老姜了，他知道这里面会有猫腻，可要不去……黄金荣一时决断不了，便请来秘书龚天健、管家程锡文，还有杭石君、鲁锦臣等心腹徒弟商量。

杭石君是小报的编辑，消息十分灵通，对众人说道："这乐山花园酒家，外边只晓得是日本人开的，可并不知道这是日本军部的秘密联络点。汪精卫选定这个地方宴请师父，一定大有文章呀！"

"我看不去为妙。"程锡文十分担忧地说。

"不去也不好,现在上海租界处在日军的包围之中,俨然是个孤岛。日本人的势力控制着全上海,我们还要在这儿待下去,我们还要在这里发财,汪先生的牌头是不能不靠的。"龚天健将利弊分析得头头是道,他是倾向于出席的。

"师父,您的意思是——"鲁锦臣询问道。

"去看看,我自有办法!"黄金荣一副成竹在胸的样子。

酒宴在乐山花园酒店如期举行,布置得高端大气上档次:地上铺了波斯地毯,柚木圆桌四周放着五六把红木靠背椅子,上方特意端放着一个太师椅,搁着两只垫子,一是坐垫,一是腰垫。

下午五点一刻,黄金荣坐车来到,由程锡文和龚天健在一左一右扶下车,汪精卫与佐藤少将已在厅门口恭候。黄金荣一面向主人点头、拱手,一面扶着程、龚两人肩头,装作步履艰难地走上台阶。

汪精卫笑容可掬地弯腰伸手,将黄金荣让进八仙厅里,坐了上位。

汪精卫起身祝酒:

"黄老先生,各位好友,今天大家赏光,兆铭万分荣幸。黄老先生德高望重,弟子三千,在上海滩称得上是那摩温了,兆铭今天特备浊酒数杯,聊表仰慕之意!请各位为黄老先生健康干杯!"

好一番恭维,在座的都应声站起,各自举起面前的红杯或白杯。

黄金荣已过古稀之年,绝不是几顶高帽子就可以捧晕的,他已猜出他们今天的用意。于是他颤颤巍巍地站起来，哆哆嗦嗦地端起杯子，一边说"过奖，过奖，不敢当，不敢当"，一边将被自己泼了一半的酒，用发抖的手喝了下去，极尽一副老态龙钟的样子。

不一会儿，坐在旁边的佐藤举起斟满花雕的细瓷杯，起来向黄金荣恭谦地点头，笑着说道："我们盛情邀请黄老先生当顾问，协助搞好上海秩序。来，为这个，我们走一个！"

搀扶着黄金荣的龚天健忙答谢道："将军的好意黄老板心领了，只是他年纪大了，身体不大好，需要多多休息。早已不再过问其他的事情！"

黄金荣的左手按着桌边，嘟嘟囔囔地说道："我现在是脑袋大，脖子粗，行动笨得像头猪，已经过气了！"

他边说边摇晃着身子，有点站不住似的，一摆手，袖管将面前的高脚杯拖倒了，白兰地流了一大片。程锡文忙着扶住他趁机离席上车回家，龚天健则留下打招呼，说了一大串"失礼了，对不起，不好意思，黄老板身体不好……"等等之类解释的话。

就在黄金荣坚决不肯做日本帝国主义走狗的同时，有一个却自愿为日本人鞍前马后地奔忙，这人便是三大亨之一张啸林。日本人为酬谢张啸林，决定在浙江建立一个伪省政府，由张啸林出任省长。可就在张啸林与日本特务机关暗中策划，实现这一目标时，国民党特务机关已作出决定：除掉他。1940年8月14日，张啸林在家门口被人弄死了。

当晚，黄金荣便得知了张啸林的死讯，再也不淡定了，他在想："亏得我没有接受市长之职，没有当汉奸呀！"

黄金荣十分庆幸自己的正确选择，看来自己的所作所为尚能说得过去。但现在抗日是民心所向，有力的出力，有钱的捐钱。自己这些年经营有方，早已是腰缠万贯，势力遍及上海滩，别人看在眼里，也会怪我这老头子太小气了，弄不好当局会怪罪的。

于是第二天，黄金荣便派人到上饶与国民党第三战区司令长官顾祝同联系，表达了他希望和党国密切合作的愿望。此后，黄金荣一直为国民党军队提供军火、药品和粮食。

1945年8月15日，日本宣布无条件投降。9月4日，顾祝同致电黄金荣，内称："抗战虽获胜利，建设尚极艰巨，沪市恢复伊始，仍请协助维持地方秩序为荷。"

黄金荣站在阳台上，心情分外舒畅。是啊！昨晚庆祝会的情景历历在目，他由于在抗战中为国家、为人民做出贡献，被蒋介石授予"抗日民众楷模"的称号。这可是一国之尊的褒扬，黄金荣满足，很得意……

八 一代枭雄梦断上海滩

大上海的夜空格外宁静,婆娑的树影密密匝匝地交叠在一起,一幢幢高楼投下巨大的黑影,于是地面上出现了丛丛森林。星光、月光如同一个个精灵,迷失在森林中,苦苦挣扎着,挣扎着!

破晓时分,一声女人撕心裂肺地呼喊,打破了宁静:

"金荣——"

一代枭雄陨落在上海滩新一天的黎明。就这样,他挥一挥衣袖,告别了历史的舞台,没带走一片云彩。

1、黄、杜两大亨抗膀子

1945年9月,杜月笙从江西上饶乘火车回到上海。因为他是从后方来的,是主张"坚决"抗日的,顿时身价百倍。他以前组织的"恒社"重新活跃起来,社员迅速增加,声势浩大。黄金荣见了眼红,就想把停顿了八年的"忠信社"恢复起来。

说起这"忠信社"的由来,得打从黄、杜两大亨的矛盾讲起。

"三鑫公司"开办以后,杜月笙利用公司总经理的职务发展自己的势力,杜本人由此而飞黄腾达起来。在这方面,黄金荣十分不满,可是尾大不掉之局已经形成,他也无可奈何。另一方面,杜月笙对黄金荣不断要求取款也很不爽,因为他的频频取款,不但给公司造成周转不灵,还大大地超出他该得的那部分,故而造成了一些矛盾。

由于杜月笙在公司掌握全权,张啸林也感到不满,他责怪黄金荣不给他和杜一样的权力,对麻皮也不称心。法租界巡捕房的大、中、小头目,因与三人分赃不均,对后台老板黄金荣也表示不满。

当真是应了那句:墙倒众人推,破鼓万人捶!大家伙儿本来就看着黄金荣心里不平衡，如今众流汇合，形成了一股反"黄"浪潮，纷纷举起手中的大锤，玩命似的向黄金荣一通猛砸。

此后，黄、杜两人的裂痕渐渐扩大了，后来竟闹到蒋介石出面调解的局面。

事情的起因是这样：1931年间，黄金荣的门生陈培德当英美烟厂工会主席，想竞选上海市总工会主席。杜月笙的门生陆京士任淞沪警备司令部军法处长，也想竞选此职。

为了打击黄门，扩充自己的势力，杜月笙指使陆京士控告陈培德有共产党嫌疑，并以此为理由把陈扣押起来。

黄金荣感到十分难堪，气得咬牙切齿地说："妈的！没有我的提拔，杜月笙哪能蹿得上来？今天倒好，这个臭不要脸的敢跟我抗膀子！"

当时，黄金荣直接向淞沪警备司令杨虎要求保释陈培德，并将他的门生被杜月笙打击的情况向蒋介石诉说，蒋只得指示杨虎从中调停。

经过杨虎的劝说，陈培德和陆京士各当了一段时间的上海市总工会主席。

随着黄金荣和杜月笙的矛盾增多，加上黄金荣越来越老，杜月笙十分清楚，黄金荣倒台之后，黄门亦算倒了。国民党蒋介石对上海滩各种团体、各色人等严密控制的期待和重任，自然要有人承担。那这人是谁？必杜月笙无疑。

所以，杜月笙决定建立一个政治性的，既能效忠"国家"，又能效忠自己的新式组织。于是，"恒社"在这种背景下推了出来。

成立初时，恒社社员仅有130余人。经过杜月笙等人的多方活动，恒社发展迅速，社员有1000多人，而且这批人基本上都拥有一定的产业和身份。

恒社的成立，顿使杜月笙在上海上层社会中掌握了一股威慑力量，它和大小八股党一起，组成了杜月笙手下的文武两套班子，成为杜在上海滩"打天下"的组织基础。

杜月笙这一系列的辉煌之举，无疑像一块巨大的石头，压在黄金荣的头上。他心想，难道自己真的过气了，应该退出"舞台"了吗？但他还是不甘心。

1936年的夏天，黄金荣指使门徒陈培德、丁永昌、鲁锦臣、龚天健、杭石君、黄振世等一伙，秘密结社。

社名定为"忠信"，这是从黄家花园四教厅边的六角亭上蒋介石题字石碑"文行忠信"取来的。黄是社长，黄振世等十来人为委员。每星期聚餐一次，商讨对付杜党办法。开始在黄家花园活动，后来黄觉得不妥，因为黄杜之间虽然实际都在玩脑筋，但表面上还要心连心，场面上还得称兄道弟，时时往来。黄为了避开尴尬，便把活动地方迁到南市的丰淞园。

"忠信社"的宗旨有两条：一是拉拢"恒社"活跃分子，使他们脱离杜社，制造恒社中的内部矛盾；二是收集杜的材料，供黄向蒋介石告御状。

不久，抗战开始，杜月笙去了香港、重庆，"忠信社"也随之解体，如今，对手回来了，"忠信社"自然该恢复起来。

由于黄振世的建议，"忠信社"改名为"荣社"，社址设在嵩山路振声里前法租界公董局买办赵振声家中。

1945年11月的一天下午,振声里热闹非凡,车水马龙。黄金荣身着长袍马褂,由两个女童子扶着,站在赵振声家大门里边,拱手迎接应邀前来观礼的要人,他们是杜月笙、杨虎、王晓籁等。

社员黑压压地坐了一厅,杭石君走上讲台,干咳了一声,拔直喉咙连喊几声"静一下",没人理睬。厅堂内嗡嗡谈话声,嘻嘻哈哈喧闹声响成一团。黄振世急中生智,跑到招待室请出黄金荣与来宾。黄振世跑在前头,倒退着身子开道,两手举过头顶,拍着巴掌。这一下真灵,黄金荣领着一些来宾拍手,两边的社员看到后,急忙起身让路拍手,亲眼看着他走上台,不知道他是将要献丑,还是出丑。

等他们坐好,杭石君才宣布选举社长与常务理事。会上一致通过黄金荣为社长,陈培德等人为常务理事。

在一片掌声中,黄金荣起立讲话。他先向来宾拱拱手,再向台下社员们拱拱手,而后清了清喉咙,说:"我不会讲话,请多多包涵。今天,'荣社'成立了,大家就是一家人了。一家人在一道,欢欢喜喜,开开心心撑码头,兄弟不要相互拆台。唔,这个——,还有,要和兄弟社团搞好关系,大家帮忙……"

黄金荣虽然拙于辞令,一见人多就结结巴巴,像羊拉屎一样,不合大家的口味,可是意思还是表达得清爽的。

接下来是杜月笙、杨虎两个致贺辞,王晓籁宣读贺信。

大会结束时,自然是放鞭炮,噼噼啪啪响过以后,照例是开宴猛撮一顿。

2、低调是低姿态的高调

转眼到了1947年的深秋,连日的凄风苦雨使曾经热闹的上海滩街头变得冷冷清清。钧培里巷外的一排法国梧桐,早已成了光杆司令,停靠在巷口的二路汽车,带走了最后一片飘落的黄叶。

这一年,冬天来得格外早,黄金荣穿得鼓鼓囊囊,像个大粽子似的坐在客厅里,进入冬眠模式。唉,当年顶风尿十丈,现在顺风尿一鞋,岁月不饶人啊!

弟子黄振世兴冲冲跑上楼来,黄金荣懒得睁眼,闭着眼睛问:"昨天荣社开会,有什么情况吗?"

"人倒挺多,不过现在时局那么乱,谁还会关心什么社会建设啊!"黄振世接着说,"昨天大家讨论最热烈的事,是给先生办80岁生日派对,大家都说要热闹一场呢!"

黄金荣就像脑子短路了一样,闭了双眼躺着。过了好一会儿,坐在一边的黄振世以为师父又进入了冬眠模式,正想起身取条毛毯来盖上,椅子一响,他却开口了:"我想过了,今年不做了!"

这可让黄振世吃了一惊,因为照惯例,每年黄金荣生日都要大摆宴席热闹一番的，徒子徒孙三千余人都要孝敬送礼。当然，这些小子们不能空手来，孝敬老头子的贺礼少则百元，多则上千元。一个生日下来，这老小子的收入相当可观。如今这 80 大寿，正是创收的好时机，怎么能不做呢?

"不做了?"黄振世忍不住追问道。

"现在局势不给力，介石在前线被共产党揍得鼻青脸肿，我那么铺张，传到他的耳朵里不是添堵嘛。我是快入土的人了，干脆低调点，在三佛寺摆几桌素席算啦!"

"那具体筹备事宜?"

"筹备事宜你来负责吧。"

黄振世拿了师父这道令箭，当天就物色了一干人选，紧张运转起来。

农历十一月初一那天清早，一向冷落的沪西槟榔路上的三佛寺，突然热闹起来。那黄粉墙壁里面，飞檐耸脊下，传出阵阵鼓乐声与袅袅香烟，和尚们身披袈裟，手持法器，为黄金荣念长生经。

八点钟敲过，和尚们被"请"到寺后吃斋面，再也不许往前边走动了。八点半，蒋介石的小儿子蒋纬国来拜寿。九点许，上海市长吴国桢带着市政府的头头脑脑来拜寿。他们分别向黄金荣磕过头以后，便由杜月笙、杨虎两人招待入席，吃素餐。

当菜上到第七道的时候，门上通报孔祥熙到，杜月笙忙放下筷子，对正在向客人布菜的黄振世说："我去陪陪孔院长，这里就请你代劳了!"

杜月笙陪着孔祥熙在方丈室里坐了会儿，两人就去参观玉佛楼。先在楼下东边的卧佛堂里，看一尊半躺在红木榻上、神态自若的玉琢卧佛，而后又上楼，端详那色泽莹洁、宝相端庄的玉佛坐像。

孔祥熙边看边问："这么大的整块玉雕，从哪里买来的？"开钱庄、办银行又当过财政部长，现在是行政院长的孔祥熙，三句话不离"钱"、"买"。

杜月笙笑了笑，装起"上海通"的样子，说："孔院长，这宝贝可不是钱买的哩！"

"哦，不用花钱就得宝，自然好喽，你说说看，怎么来的？"

于是，杜月笙把上海人关于玉佛的传说，添油加醋地吹了通。

"月笙兄，你是文武全才，博古通今啊！黄老先生已是八十老翁，可老兄却风华正茂，上海滩全是你的市面啰！今后上海方面的事，我全拜托你了！"孔祥熙拿出了自己的看家本领，拍！

"院长只管吩咐，我一定奔走效劳。"

"好！别的也没什么大事，我家大小子令侃在沪办扬子公司，请老兄多多关照。"

"用我们上海人的话说，闲话一句！统统包在我身上！"杜拍着胸脯答应着，"以后，让我三小子维屏同他联系，让他们成为好朋友。"

"那挺好，就这么办。"孔一看手表，"喔，时间不早了，我得去寿翁那里磕头哩！"

孔祥熙由杜月笙陪同，向黄金荣拜过寿，匆匆走了。

快十一点了，许多客人用完素斋告辞走了，蒋纬国由杜月笙陪着，还在东瞧西看。

孔祥熙的汽车开走不一会儿，国民党元老李济深的车子到了。黄振世把李济深迎到方丈室，还未进门，李便高声叫道："黄大哥，小弟前来祝寿了！"

"不敢当，不敢当！快进来坐！"黄金荣急忙出来拱手相迎。

进门后，李济深向黄深深一鞠躬，黄金荣亦脱帽还礼，之后是握手寒暄请坐。杨虎亲自端来素斋面，请李济深用。李也不客气，爽快地吃了一小碗，放下筷子，热毛巾擦过嘴巴以后，打着广西腔埋怨起蒋介石。黄金荣听不懂他的话，杨虎便小声地"翻译"给黄听：

"李老是说蒋介石忘恩负义，打下了天下，便背叛孙中山先生。如今又派人捉我，太没有义气了，对这号人，我是不买账的。现在他又把这位啸天（杨虎的号）老弟，也当眼中钉了。老大哥，今天我来给你拜寿，也是来向你告别的，我要到香港去。"

李济深、杨虎与黄金荣是有交情的，这三个人是由于做军火生意结成了朋友，一向是有话直说。可是黄听了这番话，哼哼哈哈了几句，觉得多有不便，他想起"路上说话，草中有人"的俗话，便请他与杨虎进到方丈室后边的打坐面壁小间里密谈，由黄振世在外看门照应。

一个小时以后，黄陪着李济深从小间里出来，在弥陀殿前两人照相留念。

这一天的祝寿高潮，算是到此结束。看来不是人人都能活得

低调,可以低调的基础是随时都能高调。

3、蒋委员长还真够意思

尽管生日派对的场面搞得很大,花的钱也不少,尽管中国的政治大腕,例如四大家族之一的孔祥熙、中国国民党民主促进会负责人李济深、上海市市长吴国桢、"太子"蒋纬国等陆续送来了生日礼物,也总掩盖不住黄金荣那份失落的心绪。因为他望穿秋水等待的蒋介石至今没有露脸。他心想,这是不是预示着自己在大上海这个舞台上已经过气了?

三天后,黄金荣正郁闷地满头黑线,南京方面来了电话,他激动地光脚丫子跑去接。

"啊?啊,嗯,明天下午……是的,我等候迎接。"挂上电话后,黄金荣肥胖的下巴颏仍在有节奏地颤抖,麻脸上立刻泛起了红晕,自这几天庆寿以来,他第一次露出了欣慰的笑容:"好了,好了。陈秘书长说,委员长明天下午四时来黄家花园给我过生日!"

黄金荣吩咐几十个仆佣将黄家花园打扫得跟狗舔过似的,把蒋介石亲笔题赠的"文行忠信"横匾高悬在"四教厅"正中。他还特地在上海著名的宁帮菜馆状元楼定了两桌酒菜,准备好好款待一下自己的得意门生。

这一夜，黄金荣跟打了鸡血似的，在床上翻来覆去睡不着。他想，蒋介石是当今皇上，他来给我过生日，真是太给面了。看来我老头子在上海滩还虎威未倒，谁敢在我面前太猖狂，废了他！

但是，蒋介石此来是不是另有目的？突然，他想起和李济深的一席话以及照相留念的事。他知道，李济深是被蒋介石通缉捉拿的"犯人"，如果杜月笙状纸一递，蒋纬国回去再一说，自己可就摘不清了！

黄金荣在床上翻来覆去烙起了饼子，久久难以安眠。因为人生没有彩排，每天都是现场直播，出一点漏洞都会影响收视率。

其实，黄金荣想的也不是没有道理。在拜寿那天，他和李济深照相留念的当儿，杜月笙和蒋纬国正在旁边咬耳朵。

"纬国，你看我们的这位寿星同谁在拍照？"杜月笙明知故问。

"这不是广西佬李济深吗？"蒋纬国因为一直在和别人闲扯，这会儿才注意到。

"正是他，你看他这股疯狂劲。总统不是正在通缉捉拿他吗？他倒好，大模大样地到这儿吃斋、密谈、照相，这广西佬好像和寿星老儿打得火热。"

"我下去看看。"蒋纬国有些沉不住气。

"哎，别急，打狗看主人，你心里有数就行。回到南京后，你可以把这里的情况如实向总统汇报一下，我们上海的事复杂得很呀！"杜月笙阴阳怪气地说道。

当天夜里,蒋纬国就回南京去了。

黄金荣此时虽不知道杜月笙和蒋纬国在那天的谈话,但"隔墙有耳"的道理还是记得清爽的。他知道,如果蒋介石来兴师问罪的话,肯定与这两个人有关。

第二天下午一点,黄金荣便捯饬了起来,在袍子外特地罩了件前后有八个"寿"字的黑缎马褂,走起了混搭路线。

下午四时左右,黄金荣就去门前等着了。直到下午五点多钟,一辆黑色轿车才开到黄家花园门口停下,车门打开,老蒋钻出来了。黄金荣领着一帮人走过去,朝他弯腰拱手作揖。蒋介石也向黄金荣等人拱手还礼,笑容可掬。

黄金荣是个眼观六路、耳听八方的人,一见蒋介石的这身打扮,又是一脸和气,便知道,他此来是真心拜寿的。自己昨天夜里所担心的事,并不会发生。

黄金荣等一干人,拥着老蒋来到四教厅。

一进大厅,蒋介石就对黄金荣说:"先生,这段日子我整天忙得四爪朝天,未能前来拜寿,请多多原谅。"

蒋介石说着搬起一把红木椅子放在八仙桌正中,放上坐垫,然后扶黄金荣坐上。然后,他又从另一张椅子上取下一只金丝寿字软垫放在地上。黄金荣一看这架势,不禁菊花一紧:哟,这是准备给我磕一个啊。他连忙说:"不敢当,不敢当,鞠个躬就行了。"

这时,蒋介石已十分庄重地跪下连磕了三个头。黄金荣慌得连忙起身上前搀扶:"哎,委员长现已是一国之君,这叫我如何受得？快快请起，入席。"

"不了，这次前来只是略表我对老先生的一片心意。前线战事紧急，我马上就要走，请老先生保重身体。"

听蒋介石一席话，黄金荣犹如三伏天喝下一杯冰激凌，那叫一个爽，脸上顿时觉得光彩起来。他不敢强留，说："既然委员长那么忙，我就不留你了，希望委员长早日凯旋。"

"请留步。"蒋介石说完，率众警卫匆匆离去。

黄金荣望着蒋介石远去的背影，无限感慨：蒋委员长真够意思，我黄某能受到他这样的敬重，一辈子也值了！

4、老头子真的过气了

1948 年，随着人民解放战争的飞速发展，国民党反动派不仅在军事上败局已定，政治上危机四起，财政经济方面也呈现出全面崩溃的征兆。国民党所持有的日伪产业和外汇黄金储备已变卖殆尽，而内战消耗有增无已，财政开支只能靠滥发纸币来维持，通货膨胀达到了骇人听闻的程度。在法币的信誉一落千丈的时候，黑市交易悄然兴起。

蒋介石先后几次给黄金荣、杜月笙打电报，要他们出谋划策平抑物价。

黄金荣为了感谢蒋介石的恩泽，召集了一批谋士商量对策。经过一番探讨，他提出了抛售物资，使法币回笼的办法。

这一措施，很快得到蒋介石、孔祥熙的一致赞同。但新的情况更让他们措手不及：抛出的物资很快就抢购一空，转手又运往内地。这样，南京政府手中不多的一点东西，眼看就快要抛光，而物价仍未能平定下来，法币一面回笼又一面出笼。

面对这样的形势，蒋介石又出台了新的方案：发行金圆券，强令民间所藏的金银外币乃至珠宝首饰，一律交出，换取金圆券。开初几天，物价还很平稳，但好景不长，物价很快狂涨起来。

蒋介石连忙派儿子蒋经国到上海坐镇。

再说金圆券发行前夕，蒋介石特地把杜月笙请到南京商谈，要杜大力支持所谓"币制改革"。杜月笙从南京回来后，顿觉身价倍增。

黄金荣听说后，心里暗暗责怪蒋介石：请杜赴南京为什么不给我打个招呼？

而杜月笙呢，回来后也没来看望黄金荣，关于党国的"经济政策"，黄一点也不清楚。很多门生前来告状，说好处都让杜门捞了，生意都被杜家抢走了。

"娘的，我总要寻机会告他一状，让总统去治他！"黄金荣有些愤愤不平。

蒋经国一来，黄金荣觉得是个机会，何不借小蒋来敲敲他。于是，黄金荣派人邀请蒋经国到家中，准备盛情款待。与此同时，杜月笙也马上派人去邀请，但都被蒋经国一一回绝。

活人不能让尿憋死，黄金荣决定改变策略，他招手对黄振世说道："能不能让大少奶奶出面。志清的交际手段很高，小蒋也许会来的。"

黄振世领了老头子的旨令，跑去转告李志清。李听后想了一会儿，点头莞尔一笑，乐陶陶地走了。

女人的魔力很多地方胜过须眉男子。过了两天，李志清果然把小蒋请到黄宅来。

这次老头子自然退居二线，一切由李志清安排、接待。小蒋在席间一再表示"打虎"的决心，向陪在左边的李志清打听上海交易所内投机倒把的情况。

李志清的养子黄起予是证券交易所的经纪人，李本人又是后头老板，对交易所的事门儿清，但是她却回答说："交易所是杜家爷叔拿总的，具体事都由他的三小子维屏亲手管理。我的儿子想申请个执照当经纪人，要花十根大条子。后来向杜家爷叔再三求情，还是花了五根大条子，他才答应的。"

"唔，唔!"小蒋不表示什么意思，但他听进去了。

陪坐在右边的黄金荣听了十分开心，他赞赏媳妇这一状告得妙，在吐槽中随意一击，不落痕迹。

蒋经国回到督导专署，布置亲信暗中调查杜维屏的投机倒把情况。

杜维屏仗着父亲的来头，在上海滩一向吃得开，平常搞点投机倒把，对他来说根本不算回事。正巧，在李志清宴请小蒋那天,杜维屏在交易所外面抛售了永安纱厂股票二千八百多股。要是在以前,杜维屏干这事,是芝麻小事一桩,可这会儿却碰在打虎勇士的拳头上了,蒋经国便以"连续非法交易,进行投机倒把"的罪名,把杜维屏与另外两人逮捕。

第二天,杜月笙便收到一份《中央日报》,他打开一瞧,头版上一幅杜维屏戴着手铐的照片映入眼帘。他气得半死,躺在床上,三天不起来。他知道是谁在捣鬼,但是在外人面前却装出满不在乎的样子,口口声声说:"这熊孩子破坏了交易所规章,应当办,我决不去保他。"

上海滩混了大半辈子的杜月笙,并不是无力还击的,他手里捏着几张牌哩!不过他要伺机反攻,挑一个适当时机,甩出一个炸弹——蒋经国的表兄弟孔令侃,仗着老头子孔祥熙的势力,在上海搞了个扬子公司做黑生意。小杜和他比起来,那真是小巫见大巫了。杜月笙握着这张牌,不动声色地等待时机。

机会终于来了。9月下旬的一天,蒋经国召集各业巨头开会。蒋经国一番开场白后,杜月笙慢慢地站起来,不慌不忙地说:

"我家维屏违反国家的规定,我完全同意蒋副专员逮捕他,依法惩办。不过,我有一个要求,就是请专员去扬子公司检查检查。扬子公司囤积的货物在上海滩是最多的,泄露经济机密的情况也更为严重,请专员立即派人去查看,不要只拍苍蝇不打老虎。"

这一席不紧不慢的话使满座目瞪口呆,小蒋面色铁青,勃然大怒说:"如果扬子公司真敢如此放肆,请杜老先生放心,我一定秉公办理,决不轻饶。"

"那好，有几个知情人正在门外，他们可以引路，请专员雷厉风行。"杜月笙紧逼一步，不给小蒋一点余地。

在杜派人员指引下，骑虎难下的小蒋只得当场派出"打虎队"，把扬子公司团团围住。搜查结果的确完全符合杜的揭发，当场把主事人扣留了。

孔令侃被这一闷棍打昏了，只得叫娘：他连夜打电话给妈妈宋蔼龄，然后又向姨妈哭诉，宋美龄当即打电话给正在北京前线的蒋介石。不到两天，小蒋专员接到"严谕"，命令此事"从轻发落"。父命难违呀！这位"打虎英雄"，也只得收拾起哨棒，悄悄地溜出"景阳冈"。

小杜的官司，不了了之，象征性地判了六个月拘役，罚几个铜板拉倒。

黄金荣虽有几分得意，但这还是大少奶奶的功劳，他在上海滩再也不会有什么作为了。

5、哥们、女人都躜了

中国人民解放军以摧枯拉朽之势，快速推进解放进程，上海即将解放。蒋介石电报示意黄金荣、杜月笙去香港。杜月笙筹备得差不多了，但黄金荣却不见动静。

黄金荣十分矛盾,他心里十分清楚,对共产党而言,他是个罪人。当年,他在"四?一二"事变中,屠杀了不少共产党人。自己还在法捕房服务了那么久,共产党打过来,他肯定没好果子吃。可是生性迷信的黄金荣还有另外一层顾忌:毕竟他已经80多岁了,万一死在路上,连个葬身之地都没有,这是万万不行的。

就在这关键的时刻,共产党人派人向黄金荣传递了一个信息:中共中央的领导同志十分关心上海帮会的动向,曾指示加强帮会方面的工作。已与中共有了接触的杨虎接受了一项任务,前来向黄金荣做工作。

这天,杨虎来黄公馆看望黄金荣,两人不约而同地谈起了时局。杨虎极富含义地说:"共产党讲究的是既往不咎,不比国民党啊!"

"那像我这样的也能保命吗?"黄金荣问。

"据我所知,共产党领袖知道你,希望你不要走,就留在上海协助稳定局势。"说着,杨虎交给黄金荣一张字条。

"这是共产党领导人写的,你在解放后交给上海市的负责人,保证不会抓你的!"

黄金荣高高兴兴地收起了"护身符"。

没过多久,章士钊的夫人代表共产党专程来看望他、动员他。章夫人对他说,只要拥护共产党,不与人民作对,共产党一定会对他宽大处理。这下,黄金荣一颗悬着的心落了地,他下决心不离开上海。就在这个时候,杜月笙来了。

"我已经作好一切准备,尽快离开上海,你怎么还不动弹呢?"杜月笙顾不上扯闲话,单刀直入地说。

"这个嘛!"黄金荣吞吞吐吐地。

"装,装,到现在了你还跟我装?你是不是心里有了别的想法?"杜月笙急急地问。

"我都八十几岁了,也没几天好活了,我可不愿意老了还死在他乡,再说黄家花园和大世界我背不动、扛不走,我不想走了!"

"好,既然你意已决,我也没什么好说,你不怕共产党跟你算老账,那就留下吧!我是要走的。"说完杜月笙起身告辞。

几天后杜月笙逃往香港。

黄金荣担心财产会被没收,责成李志清将一些不动产变成现金。他始终信任李志清,把一切都托给李志清照管。然而就在杜月笙离沪的几天之后,李志清泰然自若地走进黄金荣的房间。

"明天,我就去香港!"李志清高昂着头,脸上毫无表情。

"什么?"黄金荣有点不相信自己的耳朵。

"你说你明天去香港!"黄金荣一脸疑惑地看着李志清,他在等她解释。

"老东西,你不走就死在这儿吧!我可不能陪你在这儿等死!"李志清恶狠狠地说。

黄金荣一时间闹不明白究竟是现实还是恶梦,怔怔地站在那儿懵圈了。

"老不死的,你以为我真的会死心塌地守着你到死吗?呸!别枉想了!"李志清不可一世地扬着眉毛。

"最毒妇人心!"黄金荣半天才说出一句话。

"哈哈,哈哈!"李志清狂笑不止。

"黄金荣,今生今世,来生来世你都欠我的,我要报复你,因为我恨你!"

"你这个臭婊子。"黄金荣举起茶杯朝李志清砸去,李志清一歪头躲过茶杯。她像豹子一样扑了过来,一把把个黄金荣推了个人仰马翻。毕竟黄金荣已经八十多岁了,他实在敌不过正值壮年的李志清。

黄金荣觉得胸口发闷,喉咙发咸,殷红的鲜血顺着嘴角流了下来:妈的,这年头靠山山会倒,靠人人会跑,只有自己最可靠!

李志清毫无怜惜之情,轻蔑地笑着。

"你不是很看重钱吗?黄金荣,我这一走,我会让你变成个穷光蛋。"李志清的眼里喷着火。

黄金荣声嘶力竭地叫着:"臭女人,你……"一下子昏了过去。

李志清扬起脖子,放声大笑,好一会儿,她止住了笑声,看了黄金荣一眼,咚咚咚跑出房间。两行热泪挂在她的腮边,她想擦去,却不知为什么越擦越多。

夜色之下,一个女人悄悄走出黄公馆,她回头望了望黄家大院,提着一只皮箱头也不回地走了。

她打碎了黄金荣的心,带走了黄金荣的大笔财产,也带走了黄金荣一生的心血。

就在李志清走后,上海解放了……

6、陷入绝境的穷光蛋

风，斜斜地吹过，卷起地上那层厚厚的黄叶，和进污浊的泥水，一起腐化。太阳已被云遮去，天空似乎一下子低沉了许多。一个黑色的身影踏着满地枯黄的叶子，他佝偻着身躯，撑着木杖，眼睛里没有神采，只有一片茫然。谁会想到，这就是上海滩显赫一时的中国第一帮主——黄金荣呢？

自从李志清毫无留恋地离他而去，黄金荣两耳不闻窗外事，一心只看肥皂剧。这老家伙人也瘦了，吃啥啥也不香了，活得相当憋屈。嗨！世事无常，他曾经穷困过，也曾经富足过，而今转了一个圈他似乎又回到了起点，依然穷困潦倒。

黄金荣蹒跚着，摇摇晃晃地走进黄宅。偌大一座宅院，已经失去了旧时的辉煌，变得冷冷清清。

仆人老吴大老远的迎了出来，边走边说："老爷，您可回来了，真让人担心啊！"

黄金荣望着老吴，发现他两鬓已经花白。黄金荣颤颤巍巍地走到太师椅前坐下，含糊着说："我走走，无大碍的，不用担心！"

"老爷，您都这么一把年纪了，还跟年轻时哪？还是在家养

着吧!"老吴劝着黄金荣。

"我出去半日,家里有事吗?"黄金荣问。

"没事,就是……"老吴支支吾吾地。

"快说,就是什么?"

"就是今儿个月底了,该发工钱了,工人们都等着呢!"老吴小声说。

黄金荣半晌无言,突然骂道:"钱,又是钱!他娘的,谁不知道这些年我只出不入,哪来的钱?"

"老爷,您息息火,也怪不得下人们,谁都得吃饭穿衣不是?"老吴随手端过一碗茶,递给黄金荣。

黄金荣依旧很生气,但问题是无法回避的。李志清带走了他的大部分积蓄,他一下子几乎丧失了全部财产,而那些不动产已不属于他了,再不能从中取得任何的利润。黄公馆的开支十分浩大,上上下下人口众多,都要吃饭穿衣。其他应酬的开销,修修补补的费用,也是必不可少的,还要支付佣人的工钱,黄金荣真的到了山穷水尽的地步了。当初,黄金荣做梦也不会想到晚年竟会为了钱而苦恼。

黄金荣的脑海里一幕一幕地掠过从前的奢华情景,不禁心里黯然。

"老吴,给月笙去封信,让他寄5万美元过来!"黄金荣下了很大决心才说出了这句话,"借钱,"对于黄金荣而言是多么陌生的字眼啊,但形势所迫,败落的大亨也要伸手乞怜了。

老吴答应了一声下去了。

黄金荣一个人来到书房，他拉开抽屉，取出一张照片，他死死地盯着那张素净的脸，枯槁的手指在照片上摸索着，两滴清泪滚下腮边。

"桂生啊，你让我好悔啊！"黄金荣带着颤音喃喃地说。

黄金荣想起了苏州的雾霭，想起了苏州曲折幽深的巷子，还有那让他悔青了肠子的女人。

当初，落难苏州的他被林桂生一手扶起，重回上海，又是林桂生帮他立了码头。在一定意义上讲，林桂生真的是一个伟大的女人，她一手造就了黄金荣。然而，当露美人闯进他的生活，他无法自持，一手打碎了属于他自己的幸福生活。当人去楼空，浮华散尽，他怎能不悔，又如何不悔？

想到过去夫妻恩爱，相敬如宾的美好时光，又想到现在颓唐的境地，黄金荣不能自持，哭得稀里哗啦！

一个人的最大悲哀在于悔恨自己曾经的所作所为，黄金荣八十几岁的时候，回念起过去的种种，除了悔恨，还能有什么呢？

这一夜，黄金荣失眠了，想了很多。

几天之后，杜月笙有了回音，而今的杜月笙也是今非昔比，他怎么肯拿出5万美元救济黄金荣呢？他写了一封长信述尽种种理由，并推说要与大少奶奶商量后再行决定，最后还满怀关切地劝说黄金荣速去香港，"免得落入人民法网。"

黄金荣看罢杜月笙的信，气得心口发疼，破口大骂道："呸，这个忘恩负义的莱阳梨！当初是我一手提拔了他，现在可倒好，借他5万元却不肯，铁公鸡还会留点铁锈呢，他根本就是

个不锈钢公鸡!"

黄金荣涨红脸,头上青筋暴起。老吴担心黄金荣的身体,忙劝道:"老爷,淡定,淡定,身体要紧!"

黄金荣气得直喘粗气,他想了想,大声说:"他不借,总该能替我把旧债讨回来吧!"

老吴惊奇地看着黄金荣,黄金荣继续说:"我在法捕房任职的时候,有个叫刘裕章的军火商人,通过杨虎找我,向巡捕房买了一批军火,但不曾付钱。我听说姓刘的在香港混得满红火,这笔债到了清算的时候了。老吴,你再给我写封信!"

老吴的信刚刚发出去,黄金荣又接连给杜月笙拍了几封电报,催他追回欠款。杜月笙初到香港,哪敢为了几十年前不相干的事再去找什么麻烦,万般无奈,只好叫徒弟寄了5万元钱给黄金荣。

但是这5万元也只不过是杯水车薪,并不能完全解决黄金荣的问题。黄金荣也看出杜月笙的烦恼,也就不再寻是非,从此不再与杜月笙联系。

7、困境之中却有故人来

日子一天天艰难起来了,黄金荣无奈之下,不得不裁人,这天黄金荣在厅堂里召集了上下人等。

黄金荣清了清喉咙说:"各位跟着我有一段日子了,现在这黄宅只剩下一副空架子,你们看看这宅子里哪些东西应手,带走吧!全当这些年跟着我的报酬了!我黄金荣败落到家了,不能养你们到老了!"

黄金荣一席话,听了让人黯然,他实在不忍心看树倒猢狲散的情景,拄着拐杖,一个人蹩进后堂。

下午时分,老吴走进黄金荣的卧室,扑通跪倒在地,说:"老爷,您就让我留下给您作个伴儿吧!"

黄金荣漠然地看了看老吴,缓缓地说:"老吴,你也老大不小的了,回家吧,享享福吧!这些年跟着我东闯西荡的,也该歇歇了!"

"不,老爷。"老吴几步爬到黄金荣身边,"大伙儿都走了,剩下老爷一个人,又这么大年纪,怎么办呢?"

"唉!我已是快入土的人了,能挨一天是一天吧!"黄金荣说着,不免老泪纵横。

"老爷,留下我吧!我自跟着老爷那天起,就发誓除非我死,决不离老爷半步!"老吴带着哭腔说。

一行泪水再次涌出眼眶,黄金荣呆坐在那儿,望着远处的天空,叹了口气说:"唉,想我黄金荣,裱画徒弟出身,在上海也算混出了头脸,什么苦都吃了,什么福都享了,我这辈子也差不多了!老吴,你说,是不是啊?"

老吴说不出话来,一个劲儿地擦着眼泪。

这天,老吴扶着黄金荣散步回到黄宅门口,两个人赫然发现门口站着一个妇人：蓝白花的袄子洗得干干净净，手里挽着一个篮子，头发梳成一个髻，髻角有星星点点的华发。看面容可以猜测到，她年轻的时候定然是个出色的美人儿。

"她是谁呢？她站在黄宅门口干吗呢？"黄金荣、老吴的心里画满了问号。

"这位大阿嫂，你找人吗？"老吴问道。

妇人没答话，两眼怔怔地望着黄金荣，眼泪噼噼啪啪地掉了下来。

"黄老板！"妇人脱口而出。

这样的称呼对于黄金荣来讲，已经有些陌生了，毕竟他已不当大哥好多年。黄金荣上上下下地打量着妇人，他掏出了全部记忆翻检，始终记不起这个形象来。

"黄老板，你忘了？我是小桃红呀！"妇人止不住眼泪了。

"小桃红？"黄金荣喃喃道。

"三十年前在扬州的小桃红，你不记得了？"

黄金荣寻思了很久，小桃红的形象从他沉淀了的记忆里泛了起来。

三十年前，黄金荣去扬州办理一件疑难案子，差不多忙了一个月。终于可以回上海了，黄金荣感觉很轻松，他躺在小桃红的怀里饮着美酒。

这小桃红长得水灵，身材娇小可人，黄金荣把小桃红棉花一样的嫩手，捏在自己的黑手里，搓面团一样地揉捏着。小桃红双目脉脉含情地看着黄金荣，眼里似乎有一汪水。

"黄老板，你真的要走了吗？"

"怎么，你舍不得了？"黄金荣望着那一双美目。说句心里话，黄金荣对小桃红还真有几分不舍，尽管小桃红是欢场上的女子，但却不像其他妓女那样骨子里透着一种庸俗。小桃红是那种柔得像水一样的女人，她没有个性，更谈不上有心计。

"你还可能来扬州吗？"小桃红幽幽地问。

黄金荣翻身下床，在茶几上拿了一支烟，吸了起来。他觉得十分好笑，对小桃红他只是逢场作戏罢了。这样的妓女，对于他就像一件衣裳，穿过了，扔了，再换新的，甚至不会在记忆里留任何痕迹。而眼前这个尤物却对他动了真情，黄金荣心说：到底还是个雏儿。

"小桃红，我把你带回上海，你干不干？"黄金荣在逗小桃红玩。

"真的？"小桃红一脸惊喜，继而把嘴一撅，娇嗔道："你骗人，我听说你在上海有老婆，还有个漂亮的女徒弟，我去干吗？"

"哟，你醋劲儿还挺大。"黄金荣笑着骂。

小桃红没理会黄金荣，一个人背过身去，泪水像断了线的珠子一样滚落下来。此情此景还真惹得黄金荣鼻子里酸不溜的，他突然来了怜香惜玉的劲儿，走过去，双臂将小桃红环住。

"小桃红，你这样子不像个妓女，你是在自讨苦吃！"黄金荣说这话的时候，心里没有嘲笑。

一席话惹得小桃红热泪涟涟，一头扑进黄金荣的怀里，放声大哭。

"黄老板,我不想作妓女呀!我爹赌钱,什么都输光了,把我也输了。您是我第一个男人,您带我走吧,我做牛做马都愿意,只求您把我留在身边,我不要名分,什么都不要!"

黄金荣怜惜地把小桃红搂紧,这样的故事激不起黄金荣的同情,因为"同情"两个字早在少年时代,黄金荣就已经淡忘了。但是,面对一个女子的真情,黄金荣不能不无动于衷。这一个月来,小桃红对他的照顾可以说是无微不至,她为他甘心情愿作一切,只因为他把她从一个女孩变成了一个女人。

晚饭的时间到了,黄金荣携着小桃红下楼吃饭。这是黄金荣在扬州的最后一顿晚餐,明早他将赶回上海。

这一夜小桃红极尽温情,黄金荣贪婪地将小桃红给予的一切统统收进、埋藏。黄金荣自诩情圣,但他不得不承认,自己最缺乏的就是感情,无论是从林桂生那、顾小茜那,还是今晚身边的小桃红这,他都没有得到感情上的完全满足。

第二天早晨,黄金荣没有惊动小桃红,悄悄上路了,临走他给小桃红留下一张银票,让她赎身,余下留作生计。尽管小桃红曾经给予黄金荣一个月的难忘时光,但是黄金荣还是在大上海那个满是声色犬马、到处争名夺利的花花世界里很快将她淡忘了。

8、小投资换来大回报

"是你！怎么……"黄金荣一时不知说什么好。

身旁的老吴也想起了从前在扬州，有那么一个月，小桃红曾伴随黄金荣的左右。

"别在这儿站着了，快进屋，快进屋！"老吴张罗着，上前开了大门。

小桃红随着黄金荣、老吴走进厅堂，老吴捧了茶，三人拉开了话。

小桃红拿出手绢掩在嘴上，一边抽泣一边说："那天早上我醒了，你已经走了，我看见你留下的银票，当时，心里真……"小桃红说不下去了，呜呜地哭了起来。

"这多么年了，你没找个人家吗？"黄金荣问。

"我生是黄爷的人，死是黄爷的鬼，我怎么能再嫁他人？我用黄爷的钱赎了身，在扬州开了个豆腐店，小本经营，勉强度日。"

黄金荣心里很不是滋味，他已经将小桃红忘却，而她却一直记挂到今天，这就叫做命运的玩笑吧。

"我在扬州一直听说黄爷发大财、作大官，我这心里也安生了。可后来又听说黄爷败落了，我想我可以陪在黄爷身边，就卖了店铺，赶来了！"

小桃红眼泪汪汪地望着黄金荣。黄金荣脸上的表情很复杂，他怎么也没想到，当时他投了一小笔资金，却收到一大笔回报：三十几年来还有一个痴情女子为他痴心相守。

老吴心中窃喜，心想眼下老爷身边真缺个人，这小桃红岂不是最好的人选，忙说："小桃红，你不是个薄幸女子，也不枉老爷善待你一场，而今老爷身边也没个人，你就留下吧！"

"不"！黄金荣阻止了老吴，"让她回吧！我现在又穷又老，能给她什么呢？莫害她了，让她回吧！"

小桃红扑通跪倒在地，噌地从篮子里拽出一把剪刀，高高举过头顶。

"黄爷，今儿个你不留我，我就死在你面前！"

黄金荣和老吴被小桃红的举动惊呆了。

"小桃红，你何苦呢？我什么都不能给你，三十几年了，你该为自己想想了啊！"黄金荣苦口婆心地说。

"不，只要能陪着黄爷，我做牛做马都乐意。这事儿我想了三十几年了，我还是那句话，我不要名分，只求陪在黄爷身边，我求黄爷别嫌我下贱，满足我这个心愿吧！"小桃红浑身颤抖，句句字字发自内心。

老吴赶紧说："小桃红，你莫胡来，留下就是，留下就是！"

黄金荣没说话，他默许了。

老吴引着小桃红到后房去安顿了，黄金荣一个人怔怔地坐在那儿。同样都是女人，有林桂生那样识大体的，有小桃红那样重情重义的，有露兰春那样薄幸的，也有李志清那样心狠手辣的。黄金荣唏嘘不已，他一生中错过了好女人，跌在坏女人的手上，他检讨着自己。

夜色降临，一轮满月高悬空中，几点繁星在夜色中显得格外明亮。房门轻轻地被推开了，站在窗口的黄金荣转身来看，小桃红端着一壶酒进来了，淡淡的笑挂在嘴角，三十几年了，她依旧美丽。

小桃红倒了两盅酒，把一盅递给黄金荣。

"黄爷，我们干了这一盅吧！三十几年了，我又回到你身边，我心里真的很幸福！"小桃红的眼里闪着泪光。

黄金荣接过酒盅，轻声说："小桃红，你让我后悔。"

"后悔什么？"小桃红睁大了眼睛。

"后悔我当初错过了一个好女人！"黄金荣痴痴地说。

小桃红不好意思地低下了头。

"我黄金荣一生没离开过女人，但我并不懂女人啊！"黄金荣感叹着。

"黄爷，我都老了，别再叫我小桃红了，小桃红是个艺名，我真名叫静香。"小桃红转开了话题。

"那你也别叫我黄爷了，叫金荣吧！"黄金荣把手搭在静香的肩头，静香轻轻地靠在黄金荣的肩上，无比幸福地笑着。

黄金荣感到眼前的景物迷迷离离，不大真切了……

静香陪着黄金荣在大街上溜弯，这比起黄金荣一个人在大街上颓唐地踱来踱去要强许多了。黄金荣指着一处处建筑，给静香讲这里曾经发生的故事,黄金荣仿佛在回顾自己的一生。虽然他已不在江湖,可江湖永远有他的传说,在静香的心里成了一部生动的戏剧。

9、睡梦中告别历史舞台

晚上,灯和星一样亮,黄金荣躺在床上辗转反侧,怎么也睡不着觉。他披衣下床,拿出纸笔,胡乱地涂了一阵儿,却找不到词汇描绘此刻的心情,毕竟这是他第一次动笔写自己的感受。

他站起来仰望了一会夜空,静静的夜里,过去的时光一齐涌进脑海。他回身坐下,铺开纸写道:

我小时候,在私塾读书。十七岁到城隍庙姐夫开的裱画店里学生意,二十岁满师,在南门城内一家裱画店做生意,五年后考进前法租界巡捕房做包打听。那时候,觉得做裱画司务没出息,做包打听有出息。现在想来,做包打听,成为我罪恶生活的开始。

我被派到大自鸣钟巡捕房做事,那时我二十六岁,后升到探长,到五十岁时升督察长,六十岁退休,这长长的三十四年,我是一直在执行法帝国主义的命令,成为法帝国主义的工具,来统治压迫人民,譬如说私卖烟土,开设赌台,危害了多少人民,而我不去设法阻止，反而从中取利，实在真不应该。

……

现在，幸蒙共产党宽大为怀，使我有重新做人的机会，在毛主席旗帜下学习革命思想，彻底铲除帝国主义和封建思想意识，誓再不被反动派利用，决心学习自我批评及自我检讨，从今后，愿做为人民服务的人。

最后，我敢向上海市人民政府和上海人民立誓，我因为年纪大了（今年八十四岁），有许多事已经记忆不清，也许说得不适当，但我的懊悔惭愧与感激的心，是真诚的！是绝不虚假的……

东方露晓的时候，黄金荣伏在桌子上睡着了……

黄金荣的自白书一出，立时引起了轰动，一点没费劲就上了《文汇报》、《新闻日报》的头条，一时影响海内外。1953年，是镇压反革命运动到最后快结束的时候，黄金荣的自白书把镇压反革命运动推向了高潮。这之后，黄金荣几乎足不出户，在黄宅里苦挨时光。

这天，静香打扫书房，发现桌子上有一张照片，静香拿起来正看得出神，黄金荣颤颤巍巍地走了进来。看见静香一脸疑惑的样子，黄金荣咳嗽了一声。

"这就是我的元配——林桂生。"

静香哦了一声，轻轻把照片放了回去。

"我黄金荣一生女人无数，她是我最难忘记的一个。她长得不算漂亮，也不懂装哕撒娇，但她给我的东西最多！"黄金荣坐在椅子上，忘我地说着。

"她现在到哪去了?"静香掩饰不住内心的好奇问。

黄金荣一时语塞,眼里盈满了泪水。

"唉——,我对不起她啊,她一个有夫之妇,那么断然地随我闯上海,可我……"

"金荣,你别说了!"静香想阻止黄金荣回忆过去。

"不,让我说完吧!这些天我关在屋子里,天天想着从前,想起来我就后悔。我这个人从不在别人面前说后悔,但我真的是后悔。当初,我不该为了一个戏子,一手毁了我的家啊!我伤了桂生,我也不希求她能谅解,将来在另一个世界见了,我会负荆请罪的!"黄金荣说着,泪水夺眶而出。

"金荣,过去的就让它过去吧!你现在不是有我吗?"静香轻声说。

"静香,我感谢老天爷,我都到这步田地了,还能有个你陪在身边。静香,今生今世我欠你的,只有来生再还了。"

"别说这样的话,我们还会在一起的。"静香忍不住哭出了声……

那天以后,黄金荣连续几天发高烧,神志不清。静香昼夜守在黄金荣的身旁,她知道,属于她和黄金荣的时间不多了。

夜色阑珊,月冷风清,黄金荣卧室的房门被推开了,林桂生款款地走了进来。她走到黄金荣的床前,默默地看着黄金荣。

"桂生!桂生!"黄金荣挣扎着爬起,一把抓住林桂生,急急地问,"桂生,你回来了,你可回来了,你知道我的日子不多了,就来了,是吗?"

林桂生用幽怨的眼神望着黄金荣，一句话也不说。

"桂生，我好悔啊，你回到我身边来吧，回来吧！"黄金荣乞求着。

林桂生摇摇头，抽出了双手，头也不回地走了出去。

"桂生，桂生！"黄金荣哭喊着。

"金荣，金荣，你怎么了？"静香急急地问。

黄金荣微睁双眼，哦，原来是一场梦！

"冷，我冷！"黄金荣喃喃地说。

静香赶忙给他加被子，黄金荣翻了一个身，沉沉地睡去了！

大上海的夜空格外宁静，婆婆的树影密密匝匝地交叠在一起，一幢幢高楼投下巨大的黑影，于是地面上出现了丛丛森林，而星光、月光，如同一个个精灵，迷失在森林中，苦苦挣扎着，挣扎着！

破晓时分，一声女人撕心裂肺地呼喊，打破了宁静："金荣——"

一代枭雄陨落在上海滩新一天的黎明。就这样，他挥一挥衣袖，告别了历史的舞台，没带走一片云彩。